Goethe in Jena

Anekdoten und Geschichten

Vorwort

Johann Wolfgang von Goethe
ist einer der wichtigsten Dichter und Denker Deutschlands - und er war besonders mobil. Viele Orte seines Schaffens und zahlreiche Reisen nach Italien, in die Schweiz, nach Frankreich und nach Böhmen sind Beleg für seine kreative Unruhe und seinen Wissensdurst.

Zum „Goethe-Jahr 1999" wollen wir deshalb mit diesem ausgewählten Band allen unseren Kunden Dank sagen für ihr Vertrauen.

Das gesamte Team der Unternehmensgruppe FISCHER wird sich nach Kräften bemühen, Sie weiterhin jederzeit mobil zu halten.

Viel Freude beim Lesen dieses Buches - und bei allen ihren Fahrten

Ihr

Rolf Fischer

Rolf Fischer
Geschäftsführer

Die Deutsche Bibliothek - CIP-Einheitsaufnahme
Kaufmann, Ernst: Goethe in Jena.
Anekdoten und Geschichten.
Ernst Kaufmann. - 1. Aufl. -
Bucha bei Jena: quartus-Verlag 1999
ISBN 3-931505-51-0

1. Auflage 1999

ISBN 3-931505-51-0

Schutzumschlag: Frank Naumann, AGD, Erfurt.
Gestaltung, Satz, Lithographien: Frank Naumann, AGD, Erfurt.
Schrift: Garamond, Post Antiqua.
Belichtung, Druck: Gutenberg Druckerei GmbH Weimar.
Bindung: Großbuchbinderei Schirmer Erfurt.

Goethe in Jena

Anekdoten und Geschichten

gesammelt, ausgewählt
und nacherzählt
von
Ernst Kaufmann

quartus-Verlag

Inhaltsverzeichnis

Wie Goethe nach Weimar und Jena kam

Ein Dutzend Fürstentümer zählte Thüringen in der Mitte des 18. Jahrhunderts, kleine und kleinste Ländchen, die wirtschaftlich schwach und politisch von stärkeren Nachbarn abhängig waren. Kein Wunder, daß die Fürsten ständig nach Persönlichkeiten Ausschau hielten, die ihnen bei der Erhaltung und Mehrung ihres Besitzes helfen konnten.
So bemühte sich der 18jährige Herzog Carl August von Sachsen-Weimar-Eisenach, der gerade die Regierungsgewalt aus den Händen seiner Mutter Anna Amalia empfangen hatte, um den 26jährigen Juristen und gefeierten Autor des Romans „Die Leiden des jungen Werthers" Johann Wolfgang Goethe aus Frankfurt am Main und lud ihn nach Weimar ein.

Herzogin Anna Amalia und ihr Sohn Herzog Carl August, Schattenrisse.

Goethe traf am 7. November 1775 in der nur wenig mehr als 6000 Einwohner zählenden Residenzstadt ein. So hatte sich zwar in den vergangenen 200 Jahren die Bevölkerung fast verdoppelt, seinen dörflichen Charakter hatte Weimar aber noch lange nicht verloren. Für Johann Gottfried Herder war die Residenz noch 1785 ein „Mittelding zwischen Hofstadt und Dorf". So muß es auch Schiller empfunden haben, als er 1787 erstmals Weimar betrat und bald darauf auch Jena kennenlernte. Die Universitätsstadt kam ihm, obwohl um fast ein Drittel kleiner als Weimar, „ansehnlicher" vor.

Szene auf dem Jenaer Markt mit flanierenden Herren und Damen, im Hintergrund die Stadtkirche. – Aus dem Stammbuch eines Studenten (1782/83).

Das Herzogtum Sachsen-Weimar-Eisenach, zu dem auch Jena gehörte, war zwar ein armes Land, aber die aufgeschlossene Regentin hatte bereits bedeutende Männer in ihre Residenzstadt geholt, so als Prinzenerzieher den berühmtesten deutschen Schriftsteller dieser Zeit, Christoph Martin Wieland, sowie den Dichter und Übersetzer Carl Ludwig von Knebel. Goethe sorgte nun seinerseits dafür, daß weitere Geistesgrößen nach Weimar kamen und die Stadt immer mehr von sich

Johann Wolfgang Goethe, Bleistiftzeichnung von Georg Melchior Kraus (1776).

reden machte und bald zu einem kulturellen Mittelpunkt Europas aufstieg. Von dieser Entwicklung blieb auch Jena nicht unberührt. Seine Universität wurde am Ende des 18. Jahrhunderts die bekannteste in Deutschland.

Daß Goethe mit dem acht Jahre jüngeren Herzog Carl August gut zurechtkam und schließlich dessen Freund wurde, kann als Glücksfall für die deutsche Literatur angesehen werden. Der kleine stämmige Mann mit dem kräftigen Kinn sah eher wie ein Förster aus, und wie ein solcher streifte er in seinen jungen Jahren auch gern durch die Natur, dabei keinem Streich aus dem Weg gehend.

Wenige Wochen nach Goethes Ankunft in Weimar machte ihm Carl August den Vorschlag, im Herzogtum zu bleiben und zu arbeiten. Nicht nur als Dichter freilich, und nicht zur Gründung eines Musenhofes. Er wollte ihn in die Regierung berufen, damit er seine klugen Ideen auch selbst verwirklichen könne.

Macht ausüben zu dürfen, das reizte natürlich auch einen Goethe, doch dafür das Dichten aufgeben? Aber auch er konnte, so wenig als andere Dichter, nicht allein von seiner Feder leben. Er war zwar als einer der bedeutendsten Dichter in Deutschland bekannt, aber leben mußte er vom Geld seines Großvaters, das immer reichlich geflossen war.

Carl August, zu dem er bereits ein sehr gutes persönliches Verhältnis hatte, den er sogar duzte, wenn sie allein waren,

bot ihm ein für damalige Verhältnisse wahrhaft fürstliches Jahresgehalt von 1200 Reichstalern und das Gartenhaus an der Ilm als vorläufigen Wohnsitz.
Goethe verstand die Residenzstadt Weimar und die benachbarte Universitätsstadt Jena bald als eine sich ergänzende Einheit, wie er es uns in seinen „Zahmen Xenien" hinterließ:

„Wohin willst Du Dich wenden?"
Nach Weimar - Jena, der großen Stadt,
die an beiden Enden
viel Gutes hat?

Schließlich nahm er den Vorschlag Carl Augusts an. Mit seiner Ernennung zum Geheimen Legationsrat trat er am 11. Juni 1776 in den Dienst des Herzogtums Sachsen-Weimar-Eisenach, aus dem er sich erst durch seinen Tod 1832 befreite. Mit dem Titel erhielt er gleichzeitig Sitz und Stimme im Geheimen Consilium, dem höchsten Führungsgremium des Herzogtums. Dazu übergab Carl August seinem Freund den Vorsitz in einer Reihe von Kommissionen. Der Neid der Weimarer Hofschranzen wuchs, als Goethe am 10. April 1782 vom Kaiser in den erblichen Adelsstand erhoben wurde.

Johann Wolfgang Goethe, anonyme Radierung (1777/78).

Die staatsdienenden Aufgaben und die davon ausgehenden gesellschaftlichen Verpflichtungen erforderten viel Zeit und Kraft. Allein in den wöchentlichen Sitzungen des Geheimen

Consiliums mußten die drei Legationsräte zu durchschnittlich 22 Tagesordnungspunkten pro Sitzung Entscheidungen für den Herzog vorbereiten.

Viel Zeit blieb Goethe nicht, seinen musischen und wissenschaftlichen Interessen nachzugehen. Bis zu seiner Flucht nach Italien 1786 und häufig auch danach fuhr er dazu in das benachbarte Jena. Zwischen seinem ersten Aufenthalt im Dezember 1775 und dem letzten im Juni 1830 verging kein Jahr, in dem er nicht wenigstens einige Tage, zunehmend aber Wochen oder gar Monate in der Saalestadt seinen Aufgaben nachging. Goetheforscher haben berechnet, daß alle seine Aufenthalte in Jena zusammengenommen fast genau fünf Jahre ergeben.

Die Initiativen Goethes, seine wissenschaftlichen und organisierenden Arbeiten trugen wesentlich zur Entwicklung der Universität, zur Erhöhung ihres Rufes und ihrer Bedeutung bei.

Der Botanische Garten, die Universitätsbibliothek, die Sternwarte und alle naturwissenschaftlichen Institute verdanken ihm ihre Förderung, oft sogar ihre Gründung. So wurde die

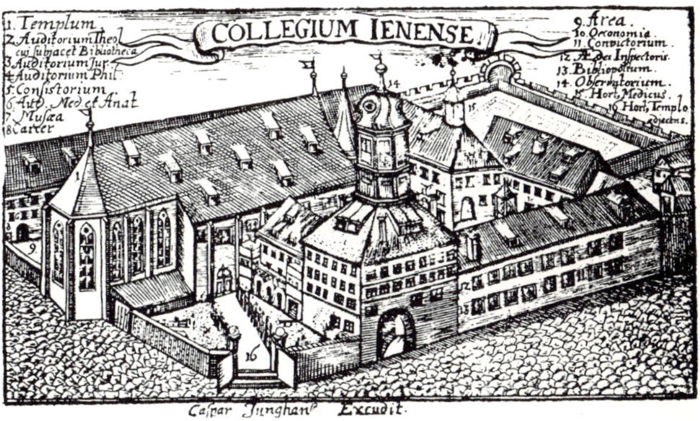

Das Collegium Jenense, die Gründungsstätte der Universität; so wie auf diesem Kupferstich aus dem Jahre 1710 sah der Gebäudekomplex auch noch zur Zeit Goethes aus, und immer noch war er das Hauptgebäude der Universität.

Universität Jena in der Wende vom 18. zum 19. Jahrhundert zur „freiesten, fortschrittlichsten Hochschule Deutschlands", zu einem Zentrum des deutschen Geisteslebens.

Neben namhaften Fachgelehrten wie den Theologen Johann Jakob Griesbach und Heinrich Eberhard Gottlob Paulus, den Medizinern Justus Christian Loder und Christoph Wilhelm Hufeland und den Juristen Gottlieb Hufeland und Paul Johann Anselm Feuerbach wirkten hier die drei wichtigsten Vertreter der deutschen klassischen Philosophie: Johann Gottlieb Fichte, Joseph Schelling und Georg Wilhelm Friedrich Hegel. 1789 erhielt Friedrich Schiller eine außerordentliche Professur für Geschichte. Sie alle bestimmten das wissenschaftliche Profil der Universität, die gegenüber neuen Lehrmeinungen als besonders aufgeschlossen galt.
Schließlich fanden sich in Jena zwischen 1796 und 1801 noch die wichtigsten Vertreter der deutschen Romantik ein: die Brüder August Wilhelm und Friedrich Schlegel sowie ihre Frauen Caroline und Dorothea waren ihre führenden Köpfe, hinzu kamen noch die Dichter Ludwig Tieck, Clemens Brentano und Novalis, später auch der Philosoph Schelling. In dem Brief an Schiller vom 29. April 1800 bezeichnete Goethe die Stadt und die Universität, die inzwischen von Gelehrten in ganz Europa geschätzt wurde, als einen „Stapelplatz des Wissens und der Wissenschaft".
Seiner Arbeit als Minister verdankte aber auch die Stadt selbst sehr viel. Dazu gehörte die Regulierung der Saale und die Eindämmung der Hochwassergefahr, die Verbesserung der Straßen, besonders der Ausbau der schwierigen Westzufahrt durch das enge und rauhe Mühltal.
Das rege geistige Leben in Jena lockte ihn. Für seine eigene geistige Entwicklung fand er in den Professoren der Universität und anderen Geistesgrößen der Stadt die beste Unterstützung. Dazu gehörten vor allem die anregenden Gesellschaften bei dem Verleger Carl Friedrich Ernst Frommann am Fürstengraben, bei Griesbach am Löbdergraben oder bei seinem „Urfreund" Knebel in der Grietgasse, aber auch die vielen Besuche in Schillers Gartenhaus und auf dem Gut der Familie Ziegesar draußen in Drackendorf.

In Jena holte sich Goethe die nötige Kraft und die Stimmung für sein vielfältiges literarisches Werk. Hier war sein Blick unbefangen, sein Gespräch liebenswürdig, die Haltung ohne Zwang. „Nur die jenaische absolute Stimmung kann mir dazu verhelfen, meinen Ideen Raum und Ordnung zu verschaffen", sagte er einmal zu Schiller. Und Knebel ließ er wissen: „Hier bin ich fleißiger und gesammelter als in Weimar, ob es mir gleich auch dort an Einsamkeit nicht fehlt."

Johann Wolfgang von Goethe, Kreidezeichnung von Franz Heinrich Müller (1821).

Es gibt nur wenige poetische Werke, an denen er nicht auch in Jena gearbeitet hätte. Hier machte er auch seine bedeutendste naturwissenschaftliche Entdeckung, den Zwischenkieferknochen des Menschen. Und auch in Jena bereicherten Frauen sein ohnehin erfülltes Leben.
Erstaunlicherweise blieb vor allem in den ersten Jahren noch immer Zeit für die mitunter recht derben Späße, die sich Carl August und Johann Wolfgang Goethe bei gemeinsamen Streifzügen durch das Herzogtum, besonders in der Gegend zwischen Weimar und Jena gegenüber den Bürgern und Bauern erlaubten. Beide verlebten eine „tolle Zeit".

Zum Maskenball nach Weimar

In ihrer „tollen Zeit“ kamen der Herzog Carl August und sein Freund Goethe häufig von Weimar nach Jena herüber, um beim Hofapotheker Wilhelmi am Markt zu frühstücken. Angelockt wurden sie vor allem durch die ordinären Grobheiten des Gastgebers und dessen vorzüglichen Weinkeller. An einem sonnigen Wintertag kamen sie beide im Schlitten, fuhren bei der Hofapotheke vor und pfiffen wie üblich. Das Hausmädchen rief herunter, der Herr Hofapotheker sei noch nicht angekleidet, doch die beiden hohen Besucher hielten nichts vom Warten. Wilhelmi solle nur so, wie er wäre, rasch einmal herauskommen, sie hätten ihm Wichtiges mitzuteilen, was nicht jeder zu hören brauche.

Nun erschien Wilhelmi im Schlafrock, darunter trug er lange Unterhosen, auf dem Kopf die Zipfelmütze. Er wurde in den Schlitten geschoben und gut verpackt, damit er sich nicht erkälte. Der Kutscher gab den Pferden die Peitsche und der Schlitten sauste unter dem lauten Protest des Hofapothekers nach Weimar.

Am Hofe fand gerade ein großer Maskenball statt, an den man Wilhelmi nötigte, teilzunehmen. Er war ja auch kein Spielverderber und machte natürlich mit. Der Einfachheit halber gleich in seinem Schlafrock, den Unterhosen und der Zipfelmütze – als Würstchenverkäufer. Eine Augenmaske verdeckte das halbe Gesicht, in der Hand trug er einen neuen Nachttopf, in dem sich kleine gebratene Würstchen kringelten und dessen Rand dick mit Senf bestrichen war.

Goethe wettete mit ihm, daß er trotz der Verkleidung sofort erkannt werden würde; und tatsächlich dauerte es bis zu seiner „Entlarvung“ nur wenige Minuten. Ein Lakai hatte auf seinem Rücken einen Zettel mit dem Hinweis befestigt: „Ich bin der Hofapotheker Wilhelmi aus Jena!“

Im Schlafrock durch Jena

Eine ähnliche „Entführung" durch Carl August und Goethe widerfuhr dem Hofapotheker Wilhelmi an einem Mittag im darauffolgenden Sommer. Wieder ließ man dem Herrn Hofapotheker keine Zeit zum Umziehen, wieder wurde er im Schlafrock mit langen, weißen Unterhosen und Zipfelmütze gegen seinen Willen in den Wagen gesetzt, der sogleich in Richtung Weimar davonfuhr. Auch hier halfen seine lautstarken Proteste nicht.

Aber bereits an der Papiermühle, am heutigen Eingang ins Mühltal, entließen die beiden Staatsmänner in der Laune von Lausejungen ihr Opfer. Das mußte nun, sehr zum Gespött der sich auf der Straße befindlichen Bürger, Kinder und Jugendlichen in seiner Kostümierung am hellichten Tag in seine Hofapotheke am Markt zurücklaufen.

So sah der Hofapotheker Johann Immanuel Christian Wilhelmi aus. Sein Grab befindet sich auf dem Johannisfriedhof.

Die Verkalkung

Während des gemeinsamen Rittes über die Felder von Isserstedt, einem auf der westlichen Höhe über Jena liegendem und heute nach dort eingemeindeten Dorf, berichtete Herzog Carl August seinem Freund Goethe von einem alten Kammerherrn, dem die Tränklein eines weisen Schäfers wieder die beste Potenz beschert haben sollten. Goethe lachte laut auf: „Was nützt ihm denn seine schönste Manneskraft, wenn er sich nicht mehr erinnern kann, wo sein Konkubinchen wohnt ...“

Johann Wolfgang Goethe, Schattenriß (vermutl. Anfang der 80er Jahre).

Der Kater im Butterfaß

In ihrer „tollen Zeit“ kamen Herzog Carl August und Goethe an einem schönen Frühlingsabend in einen Landgasthof auf der Höhe über Jena zusammen. Die Wirtin stand gerade an einem Faß und schlug Butter. Freundlich fragte sie die beiden unbekannten Gäste nach ihren Wünschen.

„Ach“, bat Carl August, „könnten wir einen Krug kühler Milch bekommen?“

„Den könnt'r kriegen“, meinte die Wirtin, „aber eener von euch muß die Milch im Butterfaß weiterschlagen, die Kurbel darf nicht stille stehen.“

Während die Wirtin den Trunk aus dem Keller holte, drehte Carl August die Kurbel am Butterfaß. Goethe jedoch bemerkte den fetten Hauskater daneben, hob den Deckel, und die beiden „Lausbuben“ steckten das Katzentier ins Faß, schlossen es geschwind und machten sich aus dem Staub.

Nach Monaten ließen sie sich wieder bei der Wirtin blicken. Der Herzog drückte ihr einen Dukaten in die Hand, und Goethe sagte etwas verlegen: „Nehmen Sie das für unseren bösen Streich von damals. Sie wissen schon, die Sache mit dem Kater im Butterfaß. Sie hatten gewiß dadurch eine größere Einbuße.“

Die Wirtin lachte hellauf: „Es war ein Glück, daß ihr den alten Kater erwischt hattet, der hatte sowieso die Raute. Hättet Ihr die Dreifarbige ins Butterfaß gesteckt, dürftet Ihr Euch nicht noch einmal hier blicken lassen! Und einen Schaden hatte ich sowieso nicht! Das wäre ja noch schöner! Die Butter habe ich damals nach Weimar getragen. Ich liefere nämlich an die herzogliche Hofküche. Dort sind sie nicht so eklig, die fressen alles!“

Das Zitat

Goethe und Herzog Carl August waren wieder einmal in Jena, wo gerade Markttag war. Als sie am Rathaus vorbeigingen, sahen sie zwei Bauern, die erbittert und lautstark miteinander stritten. Endlich schloß der eine die Auseinandersetzung mit der bekannten Aufforderung: „Du kannst mich mal ..."
Schmunzelnd wandte sich Carl August an Goethe: „Es muß doch recht erhebend für einen Dichter sein, wenn er spürt, wie seine Werke ins Volk gedrungen sind! Wenn ich nicht irre, wurde da eben eine berühmte Stelle aus Deinem ‚Götz von Berlichingen' zitiert."

Der Markt zu Jena,
Radierung von Christian Carl Ludwig Heß (um 1810).

Der oberste Straßenkehrer

Will man heute von Weimar nach Jena gelangen, so benutzt man zumeist die Autobahn oder die über Umpferstedt und Isserstedt führende Bundesstraße durch das Jenaer Mühltal. Diese Verbindung existiert erst seit 1823. Goethe mußte bis dahin noch durch das Dörfchen Kötschau und über den kahlen, meist gefährlichen Schneckenberg fahren. Denn oft war der Weg durch den Regen ausgewaschen, so daß es vom Schneckenberg hinunter ins Mühltal nicht selten zu Unfällen kam. Selbst große Planwagen sollen umgekippt sein. Die eisenbeschlagenen Riesenräder der Fuhrwagen hatten die Bodenvertiefungen noch vergrößert. Pflaster war selten und nur auf kurzen Straßenabschnitten verlegt.

Der Straßenbau oblag den Dörfern. Interesse war dort für diese Arbeit nicht vorhanden, verdienten sich die Bauern doch mit dem Aufrichten umgekippter Wagen ein kleines Zubrot, und die Stellmacher und Schmiede mit dem Ersatz zerbrochener Wagenteile.

Unter solchen schwierigen Umständen wurde Goethe 1779 Vorsitzender der Wegebaukommission des Herzogtums. Dafür verspottete ihn sein Freund, der Weimarer Generalsuperintendent Johann Gottfried Herder, jetzt sei er ja so eine Art „pontifex maximus", Weimars oberster Wegaufseher und Straßenkehrer.

Im Mühltal bei Jena, Radierung von Georg Melchior Kraus (um 1780). – Erst um 1900 wurden die Hänge mit Kiefern bepflanzt

Elfenreigen

Die folgende Geschichte der Entstehung der Ballade „Erlkönig“ berichte ich, wie sie mein Jenaer Großvater meinem Vater erzählte, und wie der sie an mich weitergab. Dabei hat Goethe vermutlich seine Anregung aus der Ilm-Landschaft in und um Weimar gezogen, wie Goethe-Kenner glaubhaft versichern. Sei es wie es sei, in der Universitätsstadt steht jedenfalls die Statue des Erlkönigs, und nicht in Weimar!

Die Jenaer Legende weiß zu berichten, daß Goethe einst an einem Spätnachmittag am Fuße des Jenzigs im wallenden Nebel spazierenging und von Trugbildern genarrt wurde. Auch heute noch vermitteln die sich ständig bewegenden, sich auflösenden und wieder zusammenballenden Nebelschleier auf den Saalewiesen die Illusion, als würden Elfen in langen weißen Gewändern zwischen den Erlen und Kopfweiden spielen. Vor allem als Kind war es mir dort gar gruselig, und ich klammerte mich stets an die Hand meines Vaters.

Die Legende berichtet weiter, daß Goethe anschließend im Gasthof „Grüne Tanne“ an der Camsdorfer Brücke zur Erholung einige Schoppen Wein getrunken habe. Am Abend soll ein Bauer aus Kunitz mit seinem fiebernden Söhnchen über die Saalewiesen beim Gasthof vorgeritten sein, um in Jena oder Camsdorf ärztliche Hilfe zu suchen.

Diese Ereignisse sollen Goethe 1782 zu seiner Ballade „Erlkönig“ angeregt haben. Bis heute gehört dieses Gedicht zur Pflichtlektüre an jeder deutschen Schule.

Für den Legationsrat Wolf von Tümpling war dies Anlaß, um im Park seines Schlößchens Thalstein unterhalb des Jenzigs 1877 eine Holzstatue des Erlkönigs aufzustellen. Diese schuf für ihn der Jenaer Bildhauer Theodor Wolff. 1893 wurde sie durch die übermannshohe Sandsteinplastik von Otto Späte ersetzt. Die von diesem Jenenser gegründete Steinbildhauer- und Steinmetzfirma besteht jetzt bereits in der vierten Generation in der Dornburger Straße gleich hinter der Nordschule.

Noch heute steht dieser Erlkönig mit seinem melancholisch-gütigen Blick, den weichen Bewegungen der Hände, dem

langwallenden Gewand und der Krone als sichtbares Zeichen seiner Herrschaft über die Elfen der umgebenden Saalewiesen in einer hübschen künstlichen Anlage und vor einer imposanten, mit gefalteten Gipsbändern durchzogenen Muschelkalkwand.
Nur manchmal müssen die Hände aufwendig und teuer ersetzt werden, weil böse Buben sie wieder einmal abschlugen.

Das Erlkönig-Denkmal von Otto Späte unterhalb des Jenzigs.

Johann Wolfgang von Goethe

Erlkönig

Wer reitet so spät durch Nacht und Wind?
Es ist der Vater mit seinem Kind;
Er hat den Knaben wohl in dem Arm,
Er faßt ihn sicher, er hält ihn warm.

Mein Sohn, was birgst du so bang dein Gesicht? -
Siehst, Vater, du den Erlkönig nicht?
Den Erlenkönig mit Kron' und Schweif? -
Mein Sohn, es ist ein Nebelstreif.

„Du liebes Kind, komm, geh mit mir!
Gar schöne Spiele spiel' ich mit dir;
Manch bunte Blumen sind an dem Strand,
Meine Mutter hat manch gülden Gewand."

Mein Vater, mein Vater, und hörest du nicht,
Was Erlenkönig mir leise verspricht? -
Sei ruhig, bleibe ruhig, mein Kind:
In dürren Blättern säuselt der Wind.

„Willst, feiner Knabe, du mit mir gehn?
Meine Töchter sollen dich warten schön;
Meine Töchter führen den nächtlichen Reihn,
Und wiegen und tanzen und singen dich ein."

Mein Vater, mein Vater, und siehst du nicht dort
Erlkönigs Töchter am düsteren Ort? -
Mein Sohn, mein Sohn, ich seh' es genau:
Es scheinen die alten Weiden so grau.

„Ich liebe dich, mich reizt deine schöne Gestalt;
Und bist du nicht willig, so brauch' ich Gewalt."
Mein Vater, mein Vater, jetzt faßt er mich an!
Erlkönig hat mir ein Leids getan! -

Dem Vater grauset's, er reitet geschwind,
Er hält in den Armen das ächzende Kind,
Erreicht den Hof mit Mühe und Not;
In seinen Armen das Kind war tot.

Finanzminister kontra Kriegsminister

Im Auftrag des Herzogs übernahm Goethe 1779 bis zu seiner Flucht nach Italien die Leitung der Kriegskommission, wurde gewissermaßen der Kriegsminister von Sachsen-Weimar-Eisenach. Damit unterstand ihm die gesamte „geballte" Streitmacht des Herzogtums, die Infanterie, Kavallerie und Artillerie. Die Soldaten mußten jedoch nicht nur Krieg spielen, sondern auch Repräsentationsaufgaben bei den Schloßfesten übernehmen, sie mußten Dienstleistungen verrichten, Verbrecher und Deserteure fangen.

Mit diesen Soldaten konnte das Herzogtum freilich nicht wirklich verteidigt werden. Politische Maßnahmen im Vorfeld kriegerischer Auseinandersetzungen erwiesen sich immer als wirkungsvoller. Oder man versicherte sich eines starken Bundesgenossen durch Heirat, wie die Ehe zwischen Carl Augusts Sohn Carl Friedrich mit Maria Pawlowna, der Tochter des russischen Zaren Paul I., zeigt.

Im Gegensatz zu seinem Landesvater hielt Goethe sehr wenig vom Soldatenspiel. Zwei Reisen unternahm er zur Rekrutenaushebung für die weimarische Armee nach Dornburg. „Menschenklauberei" nannte er es in einem Brief an Charlotte von Stein. Aber die Gewinnung von Rekruten durch den Weimarer Hof verhinderte wenigstens das Eingreifen preußischer Werber auf weimarischem Territorium.

Dennoch versuchte Goethe, den Herzog zu überzeugen, die Rekrutenaushebungen nicht mehr durchzuführen, da für die Armee ohnehin nicht genügend Geld vorhanden sei.

Das gelang ihm 1782 noch besser, als der unfähige Minister Johann August Alexander von Kalb vom Herzog gefeuert wurde und Goethe auch die Leitung der Finanzverwaltung übernehmen mußte.

Da fragte der Finanzminister Goethe den Kriegsminister Goethe, was er zur Sanierung der Staatsfinanzen beitragen könne. Und da der Kriegsminister Goethe ohnehin nicht viel von seiner Armee hielt, so reduzierte er sie – zumindest zeitweilig – auf die Hälfte ihres Mannschaftsbestandes, lenkte das damit eingesparte Geld in die Förderung der Wissenschaften und der Kunst und erhielt außerdem den Familien ihren Ernährer.

Und das alles zur großen Freude des Finanzministers Goethe.

Das 1905 abgebrochene Jenaer Schloß.
An seinem Platz befindet sich heute das von 1905 bis 1908 erbaute Universitätshauptgebäude.

Kampf um Reformen

Als Staatsmann bemühte sich Goethe darum, vor allem den niederen Ständen Erleichterung zu verschaffen. Doch dieses Ziel war auch unter einem für die damaligen Verhältnisse äußerst fortschrittlichen Herzog, wie es Carl August war, sehr schwer zu verwirklichen.

So schrieb er 1782 an Knebel: „Ich sehe den Bauersmann der Erde das Notdürftigste abfordern, das doch ein behäglich Auskommen wäre, wenn er nur für sich schwitzte. Du weißt aber, wenn die Blattläuse auf den Rosenzweigen sitzen und sich hübsch grün gesogen haben, dann kommen die Ameisen und saugen ihnen den filtrierten Saft aus den Leibern. Und so geht's weiter, und wir haben's so weit gebracht, daß oben an einem Tage immer mehr verzehrt wird, als unten an einem beigebracht werden kann."

Seine Bemühungen, den Herzog zum besseren Verständnis wirtschaftlicher Zusammenhänge und daraus resultierender Aufgaben zu führen, stieß sehr rasch an enge Grenzen, wie er immer wieder seinem Tagebuch anvertraute: „Mit dem Herzog gegessen. Sehr ernstlich und stark über Ökonomie geredet ... wieder eine Anzahl falscher Ideen, die ihm nicht aus dem Kopf wollen ... Mich wundert nun garnicht mehr, daß Fürsten meist so toll, dumm und albern sind. Nicht leicht hat einer so gute Anlagen als der Herzog ... aber es steckt in der tiefsten Natur, daß der Frosch fürs Wasser gemacht ist, wenn er gleich auch eine Zeitlang sich auf der Erde befinden kann."

Und vor seiner ersten Italien-Reise resignierend: „Es weiß kein Mensch, was ich tue und mit wieviel Feinden ich kämpfe, um das wenige hervorzubringen."

Wider Tabak und Bier

Goethe liebte alle Lebensgenüsse, aber er war ein entschiedener Gegner des Rauchens und Biertrinkens: „Das Rauchen macht dumm, es macht unfähig zum Denken und zum Dichten. Es ist auch nur für Müßiggänger, für Menschen, die Langeweile haben, die ein Dritteil des Lebens verschlafen, ein Dritteil mit Essen, Trinken und anderen notwendigen oder überflüssigen Dingen hindudeln, und alsdann nicht wissen, was sie mit dem letzten Dritteil anfangen sollen. Für solche faulen Türken ist der liebevolle Verkehr mit den Pfeifen und der behagliche Anblick der Dampfwolke, die sie in die Luft blasen, eine geistvolle Unterhaltung, weil sie ihnen über die Stunden hinweghilft.

Zum Rauchen gehört auch das Biertrinken, damit der erhitzte Gaumen wieder abgekühlt werde. Das Bier macht das Blut dick und verstärkt zugleich die Berauschung durch den narkotischen Tabakdampf. So werden die Nerven abgestumpft und das Blut bis zur Stockung verdickt. Man wird schon sehen, was diese Bierbäuche und Schmauchlümmel aus Deutschland machen.

Und was kostet dieser Greuel! Schon jetzt gehen 25 Millionen Taler in Deutschland in Tabakrauch auf. Die Summe kann auf 40, 50, 60 Millionen steigen. Und kein Hungriger wird gesättigt und kein Nackter gekleidet. Was könnte mit dem Gelde geschehen!

Aber es liegt auch in dem Rauchen eine arge Unhöflichkeit, eine impertinente Ungeselligkeit. Die Raucher verpesten die Luft weit und breit und ersticken jeden honetten Menschen, der nicht zu seiner Verteidigung zu rauchen vermag."

Goethe als Anatom

An der Ecke Leutragraben/Teichgraben in Jena steht der runde Sockel des südwestlichen Eckturmes der mittelalterlichen Stadtbefestigung, des Anatomieturmes. Ihn zierte von 1750 bis 1860 ein achteckiger Aufbau mit hohen Fenstern. In dieser Zeit diente er der Universität als anatomischer Hörsaal. Hier wirkte von 1778 bis 1803 Justus Christian Loder als Professor der Medizin. Er ermutigte Goethe zum Finden des Zwischenkieferknochens auch beim Menschen und unterstützte ihn dabei. Die damals sensationelle Entdekkung gelang Goethe im Jenaer Anatomieturm am 27. März 1784.

Teichgraben mit Anatomieturm, Lithographie von Johann Friedrich Karl Hirsch (kurz nach 1800).

Das unter dem Namen „Zwischenkiefer" bekannte Knochenpaar bildet bei den Säugetieren die Hülle für die oberen Schneidezähne, fehlte jedoch nach damaligen Untersuchungen beim Menschen. Dieses Fehlen wurde sogar für die Ursache der Sprache gehalten, und damit für einen Hauptunterschied zwischen Tier und Mensch. Goethe fragte sich, wenn der Mensch Schneidezähne besitze, warum dann ausgerech-

net die Knochen fehlen sollten, worin sie eingefügt stehen müßten.
Ernst Haeckel stellte mehrere Menschenalter später fest, daß der große Dichter und Denker „durch seine vieljährigen und eifrigen morphologischen Studien zu der klaren Einsicht in den inneren Zusammenhang aller organischen Formen und zu der festen Überzeugung eines gemeinsamen natürlichen Ursprungs gelangt war. So wollte es ihm durchaus nicht in den Kopf, daß der Mensch, der doch in allen übrigen körperlichen Beziehungen offenbar nur ein hochentwickeltes Säugetier sei, den Zwischenkieferknochen entbehren solle."
So war die Entdeckung des Zwischenkieferknochens durch Goethe nicht etwa nur ein glücklicher Zufall, sondern Ergebnis eifriger, angestrengter Forschung und weltanschaulicher Berechnung.
Und tatsächlich stellte Goethe fest, daß die bei den Tieren bekannte Naht zwischen dem Ober- und dem Zwischenkieferknochen auch beim Menschen ursprünglich vorhanden ist, jedoch bald nach der Geburt so verwächst, daß sie nicht mehr zu erkennen ist.
Nach seiner Entdeckung war Goethe überglücklich, hatte sich doch seine Überzeugung von der großen Ordnung in der Natur bestätigt. Noch in der Nacht verriet er Herder die wissenschaftliche Methode und seine große Freude über den Erfolg: „Ich habe gefunden – weder Gold noch Silber, aber was mir unsägliche Freude macht – das os intermaxillare am Menschen. Ich verglich mit Lodern Menschen- und Tierschädel, kam auf die Spur und siehe, da ist es ... Es soll Dich auch herzlich freuen, denn es ist wie der Schlußstein zum Menschen, fehlt nichts, ist auch da!"
Und an Charlotte von Stein schrieb er: „Ich habe eine solche Freude, daß sich mir alle Eingeweide bewegen."
Die Spur der Naht heißt noch heute „sutura Goethei".
Und eine Gedenktafel an der Ruine des Anatomieturmes in Jena erinnert uns an die wichtigste naturwissenschaftliche Entdeckung Goethes.

Fortschritte in Botanik

Auf einem Spaziergang mit seinem „Urfreund" Carl Ludwig von Knebel in der Umgebung Jenas lernte Goethe 1785 den damals zwanzigjährigen Friedrich Gottlieb Dietrich aus dem nahen Dörfchen Ziegenhain kennen. Der Junge stammte aus einer bekannten Botanikerfamilie, an die noch der Dietrichsweg zwischen Camsdorfer Ufer und Burgweg und der Dietrichstein, ein schöner Aussichtspunkt auf den Kernbergen, erinnern.

Friedrich war mit einem großen Strauß bunter Wiesenblumen, Kräutern und Gräsern zur Bestimmung durch die Studenten auf dem Weg zur Universität. Goethe, der seine botanischen Kenntnisse zur Vorbereitung der „Metamorphose der Pflanzen" gerade anläßlich einer Kur in Karlsbad erweitern wollte, war nicht wenig erstaunt, als der Junge ihm nicht nur die gebräuchlichen volkstümlichen Namen der Pflanzen benennen konnte, sondern auch deren wissenschaftliche Bezeichnungen. Kurzentschlossen nahm er ihn mit auf die Reise nach Karlsbad.

Goethe berichtete 1817 über ihren dortigen Aufenthalt:

„In Karlsbad selbst war der junge Mann mit Sonnenaufgang im Gebirge, reichliche Lektionen brachte er mir sodann an den Brunnen, ehe ich noch meine Becherzahl geleert hatte; alle Mitgäste nahmen daran teil ... sie sahen ihre Kenntnisse auf das anmutigste angeregt, wenn ein schmucker Landknabe im kurzen Westchen daherlief, große Bündel von Kräutern und Blumen vorweisend, sie alle mit Namen griechischen, lateinischen, barbarischen Ursprungs bezeichnend - ein Phänomen, das bei Männern, auch wohl bei Frauen, vielen Anteil erregte."

Nach der Reise gab es ein großes Erzählen in Ziegenhain. Der Geheimrat von Goethe habe im Botanischen gute Fortschritte gemacht, berichtete Friedrich seinen Eltern, aber nach wie vor mache er halt Fehler, wofür er Beispiele anführte.

Friedrich Gottlieb Dietrich, Aquatinta (1810) von Ludwig Buchhorn nach einer Zeichnung von H. Hose.

„Du hast ihn doch nicht etwa verbessert?“ fragte besorgt der Vater. Und als der Junge bejahte, schüttelte er den Kopf: „Das haben die großen Herren aber gar nicht gern!“
Friedrich jedoch hielt dagegen: „Der Herr von Goethe ist nicht so, der hat sich immer gefreut, wenn ich ihn verbessert habe!“
Er behielt gegen seinen Vater recht. Auf Empfehlung Goethes studierte er an den Universitäten Jena und Heidelberg Botanik, „so daß er, als Schriftsteller rühmlichst bekannt, mit der Doktorwürde geziert, den großherzoglichen Gärten in Eisenach bis jetzt mit Eifer und Ehre vorsteht“, wie Goethe 1817 stolz bezeugte.

Der Bund des Ernstes und der Liebe

Am Abend des 20. oder auch 21. Juli 1794 (genau ist es heute leider nicht mehr festzustellen) besuchten Goethe und Schiller eine Sitzung der unter der Leitung des Botanik-Professors August Johann Georg Carl Batsch stehenden „Naturforschenden Gesellschaft" im Jenaer „Pfündelschen Haus" in der Großen Rathausgasse gegenüber der Südwestecke des Rathauses. Das Gebäude wurde später nach dem neuen Besitzer „Bachsteinsches Haus" genannt und 1945 durch anglo-amerikanische Bomben zerstört.

Das Bachsteinsche Haus Löbderstraße / Ecke Rathausgasse (1945 durch Bomben zerstört). Hier tagte die „Naturforschende Gesellschaft".

Die beiden Großen der deutschen Klassik kannten sich schon lange, erstmalig waren sie sich am 7. September 1788 in Rudolstadt begegnet. Schiller verdankte seine Professur an der Jenaer Universität zwar der Fürsprache Goethes, doch der sah in ihm noch immer den ungestümen Dichter der früheren Jahre, mißbilligte die von ihm ausgehende Hektik und seine Rauch- und Schnupfleidenschaft. Obwohl es Schiller schon früher zu Goethe gezogen hatte, mußte er dabei manchen inneren Widerstand überwinden. In einem Brief an seinen Dresdener Freund Christian Gottfried Körner vom 2. Februar 1789 offenbarte er:
„Oefters um Goethe zu sein, würde mich unglücklich machen; er hat auch gegen seine nächsten Freunde kein Moment der Ergießung, er ist an nichts zu fassen; ich glaube in

Goethe und Schiller im Gespräch, nach einer Johann Christian Reinhart zugeschriebenen Federzeichnung (1804).

der Tat, er ist ein Egoist in ungewöhnlichem Grade. Er besitzt das Talent, die Menschen zu fesseln und durch kleine sowohl als große Attentionen sich verbindlich zu machen; aber sich selbst weiß er immer frei zu behalten. Er macht seine Existenz wohltätig kund, aber nur wie ein Gott, ohne sich selbst zu geben ...“
Goethe ging Schiller möglichst aus dem Wege. Das war nun aber beim Verlassen der Sitzung der „Naturforschenden Gesellschaft“ nicht möglich. So begann Schiller jenes berühmte Gespräch über die verschiedenen Möglichkeiten der Naturbetrachtung.
Goethe erinnerte sich 1817: „Wir gelangten zu seinem Haus (an der Südostecke des Jenaer Marktplatzes, 1945 durch Bomben vernichtet), das Gespräch lockte mich hinein. Da trug ich die Metamorphose der Pflanzen lebhaft vor, und ließ mit manchen charakteristischen Federstrichen eine symbolische Pflanze vor seinen Augen entstehen. Er vernahm und schaute das alles mit großer Teilnahme. Als ich aber geendet, schüttelte er den Kopf und sagte: das ist keine Erfahrung, das ist eine Idee. Ich stutzte, verdrießlich einigermaßen: denn der Punkt, der uns trennte, war dadurch aufs strengste bezeichnet. Die Behauptung aus ‚Anmut und Würde‘ fiel mir wieder ein, der alte Groll wollte sich regen, ich nahm mich aber zusammen und versetzte: das kann mir sehr lieb sein, da ich Ideen habe, ohne es zu wissen und sie sogar mit Augen sehe.
Schiller, der viel mehr Lebensklugheit und Lebensart hatte als ich und mich auch wegen der ‚Horen‘, die er herauszugeben im Begriff stand, mehr anzuziehen als abzustoßen gedachte, erwiderte darauf als ein gebildeter Kantianer; und als aus meinem hartnäckigen Realismus mancher Anlaß zu lebhaftem Widerstand entstand, so ward viel gekämpft und dann Stillstand gemacht. Keiner von beiden konnte sich für den Sieger halten, beide hielten sich für unüberwindlich.“
Die interessante und kontroverse Diskussion zwischen Goethe und Schiller über die verschiedenen Möglichkeiten der Naturbetrachtung dauerte an jenem Abend bis in die Nacht. Sie begrub endgültig den Groll Goethes gegen Schiller. In der Diskussion, bei der sich beide Kontrahenten nichts schenk-

ten, begann die wechselseitig so fruchtbare Freundschaft zwischen den beiden, der wir so viele unvergängliche Werke verdanken, ein Bündnis, das einen Tag danach auf einer Gesellschaft bei Wilhelm von Humboldt weiter gefestigt wurde. Diese Freundschaft nannte Goethe in einem Brief vom 31. Oktober 1798 den „Bund des Ernstes und der Liebe". Dreieinhalb Jahre nach ihrer wohlwollenden Begegnung zog Goethe ein Resümee. In dem Brief an Schiller vom 6. Januar 1798 heißt es: „Das günstige Zusammentreffen unserer beiden Naturen hat uns schon so manchen Vorteil verschafft und ich hoffe, dieses Verhältnis wird immer gleich fortwirken. Wenn ich Ihnen zum Repräsentanten mancher Objekte diente, so haben sie mich von der allzu strengen Beobachtung der äußeren Dinge und ihrer Verhältnisse auf mich selbst zurückgeführt. Sie haben mich die Vielseitigkeit des inneren Menschen mit mehr Billigkeit anzuschauen gelehrt. Sie haben mir eine zweite Jugend verschafft und mich wieder zum Dichter gemacht, welcher zu sein ich so gut wie aufgehört hatte."

Südostecke des Marktes (1945 durch Bomben zerstört) mit dem Haus, in dem Schiller von 1794 bis 1795 wohnte und sich 1794 mit Goethe traf.

Der Kuß der Muse

Nach ihrer freundschaftlichen Begegnung im Juli 1794 in Jena entwickelte sich zwischen Goethe und Schiller ein regelrechter poetischer Wettstreit. Alles Geschaffene wurde vom neu gewonnenen Freund kritisch beurteilt und dadurch gefördert.

Gefördert wurde ihr dichterisches Schaffen vor allem durch ihre unterschiedliche Herangehensweise an ein poetisches Werk.

Während Goethe nach eigenem Zeugnis vom 26. Mai 1820 immer erst die Neigung abwartete und auf eine Eingebung harrte, gewissermaßen auf den Kuß der Muse warten mußte, gab sich Schiller die Aufgaben vor und zwang sich zur Begeisterung bei ihrer Bewältigung. Das aber habe ihn auch früh aufgerieben, meinte Goethe. Er wäre noch unendlich höher gestiegen, hätte er länger gelebt.

Und Schiller erhärtete diese Auffassung durch seine eigene: „Goethe denkt nie über seinen Gegenstand nach, er spricht nicht vorher darüber, sondern wie es ihm ankömmet, setzt er sich nieder und schreibt. Alles ist bei ihm Eingebung des Augenblicks; er ist also das wahre Genie."

Sicher ist in der Aussage beider vieles übertrieben. Auch Goethe trieb oft lange Studien, ehe er schreiben konnte.

Doch mit „u"?

Nach der Besiegelung ihrer Freundschaft war Goethe von 1795 bis 1797 als Mitarbeiter für Schillers Zeitschrift „Die Horen“ tätig. Als er darin die bereits 1787 auf seiner ersten Italienreise entworfenen, sodann seiner Geliebten und späteren Ehefrau Christiane Vulpius gewidmeten sinnenfreudigen „Römischen Elegien“ veröffentlichte, waren die braven Bürger schockiert. Selbst Goethes Freunde konnten ihm diese Freimütigkeit nicht ohne weiteres verzeihen.
Eine Weimarer Zeitung schrieb: „Alle ehrbaren Frauen sind empört über die Schilderung der bordellmäßigen Nacktheit!“ Und Wieland soll im Freundeskreis geäußert haben, man müsse nun „Die Horen“ anstelle des „o“ doch noch mit einem „u“ schreiben.

Schiller, Wilhelm und Alexander von Humboldt und Goethe in Jena, Andreas Müller zugeschriebene Federzeichnung (nach 1795). - Der Ort ist vermutlich Schillers Garten, der, wie auch der abgebildete Steintisch, heute noch existiert.

Johann Wolfgang von Goethe

Elegie Nr. V („Römische Elegien")

Froh empfind ich mich nun auf klassischem Boden begeistert;
Vor- und Mitwelt spricht lauter und reizender mir.
Hier befolg ich den Rat, durchblättre die Werke der Alten
Mit geschäftiger Hand, täglich mit neuem Genuß.
Aber die Nächte hindurch hält Amor mich anders beschäftigt;
Werd ich auch halb nur gelehrt, bin ich doch doppelt beglückt.
Und belehr ich mich nicht, indem ich des lieblichen Busens
Formen spähe, die Hand leite die Hüften hinab?
Dann versteh ich den Marmor erst recht; ich denk und vergleiche,
Sehe mit fühlendem Aug, fühle mit sehender Hand.
Raubt die Liebste denn gleich einige Stunden des Tages,
Gibt sie Stunden der Nacht mir zur Entschädigung hin.
Wird doch nicht immer geküßt, es wird vernünftig gesprochen;
Überfällt sie der Schlaf, lieg ich und denke mir viel.
Oftmals hab ich auch schon in ihren Armen gedichtet
Und des Hexameters Maß leise mit fingernder Hand
Ihr auf den Rücken gezählt. Sie atmet in lieblichem Schlummer,
Und es durchglühet ihr Hauch mir bis ins Tiefste der Brust.
Amor schüret die Lamp indes und denket der Zeiten,
Da er den nämlichen Dienst seinen Triumvirn getan.

Und mit der rechten Hand?

Goethe weilte an einem Sommertag zu Besuch bei Schiller in Jena. Sie saßen im Arbeitszimmer in der „Zinne" des Gartenhauses neben dem träge dahinplätschernden Leutrabach, als sich Schiller entschuldigte und seinen Freund für eine kurze Weile allein ließ. Goethe sah sich um und entdeckte auf dem Schreibtisch ein Blatt mit zwei Zeilen eines gerade begonnenen Gedichtes:

Er saß auf ihres Bettes Rand
Und spielte mit den Flechten ...

Er überlegte einen Augenblick, dann ergänzte er, spitzbübisch lächelnd, den Vers:

Das tat er mit der linken Hand.
Was tat er mit der rechten?

Schillers Arbeitszimmer in der Mansarde seines Jenaer Gartenhauses.

Den Minister nicht vergessen!

Um 1798 war der Philosophie-Professor Johann Gottlieb Fichte an der Jenaer Universität der Abgott der Studenten. Goethe soll nicht ganz ohne Neid auf diese Popularität geblickt haben. Sie trübte manchmal ein ganz klein wenig ihr gutes Verhältnis zueinander.
So klagte eines Tages Fichte seinen Freunden: „Eben komme ich von Goethe. Gestern Abend haben die Jenaer Studenten ihm eine Abendmusik gebracht, was er ihnen in seiner Vornehmheit übelnahm. Heute nun gab ich ihm zu bedenken, daß die begeisterten jungen Menschen das Ständchen vielleicht nicht dem Minister Goethe, sondern dem Dichter Goethe gebracht hätten. Was erwidert er? Er wünsche nicht, daß man den Minister über dem Dichter vergesse!"

Johann Gottlieb Fichte

Der Jenaer Ofen

Am 30. Januar 1799 gingen Schillers „Piccolomini" aus der „Wallenstein"-Trilogie über die Bretter des Weimarer Hoftheaters. „Es wehte", erzählte Schillers Schwägerin Caroline von Wolzogen in ihrer Biografie des Dichters, „ein höherer Geist in der ersten Vorstellung, der sich aus dem kleinen Weimar über ganz Deutschland verbreitete. Schiller genoß lebhaft die Arbeit von sieben Jahren ... Durch Goethes Einfluß, der die Schauspieler beseelte, und Meyers Bemühen um Kostüme und Dekorationen war die Vorstellung vollkommen gelungen."

Vor den Erfolg hatten allerdings auch hier die Götter den Schweiß gesetzt. Selbst Goethe hatte im vorangegangenen Herbst und Winter unermüdlich für die Inszenierung gearbeitet. Sein Freund, der Professor und spätere Direktor der Weimarer Zeichenschule Johann Heinrich Meyer, legte alle erreichbaren Holzschnitte, Kupfer- und Stahlstiche aus der Zeit des Dreißigjährigen Krieges vor, nach denen die Kostüme geschneidert wurden.

Doch für die Bekleidung des kaiserlichen Gesandten Questenberg fand sich keine Vorlage. Schiller hatte ihn in „Wallensteins Lager" mit den Worten gekennzeichnet:

Und von Wien die alte Perücke,
die man seit gestern herumgehen sieht,
mit der guldenen Gnadenkette,
das hat was zu bedeuten, ich wette!

Ein Zufall kam bei der Suche nach der Kleidung Questenbergs endlich zu Hilfe: Im strengen Winter mußte Goethe eine Dienstreise ins benachbarte Jena unternehmen und übernachtete im alten Schloß am Fürstengraben, an dessen Stelle heute das Universitätshauptgebäude steht. Die klirrende Kälte im Zimmer lenkte die Aufmerksamkeit des Dichters auf den sonst von ihm vermutlich wenig beachteten großen eisernen Ofen, mit dem der Raum beheizt wurde.

Zunächst wollte er seinen Augen nicht trauen, aber auf der gegossenen Ofenplatte war die Jahreszahl 1632 eingraviert, das Jahr der Schlacht bei Lützen. Und Wallenstein selbst, umgeben von seinen Offizieren, war auf der Platte dargestellt. Jetzt gab es keinen Zweifel mehr an der zeitgenössischen Bekleidung Questenbergs.
Die Ofenplatte wurde daraufhin abgebaut und zu Anschauungszwecken nach Weimar „entführt".

Der Jenaer Schloßhof, Fotografie (um 1900). – Das Schloß, in dem Goethe bis 1806 seine Dienstwohnung hatte, wurde 1905 abgebrochen, um dem neuen Universitätshauptgebäude Platz zu machen.

Alles entstand in Jena

Im Jahre 1791 wurde Goethe vom Herzog Carl August zum Leiter der Wasserbaukommission des Herzogtums Sachsen-Weimar-Eisenach berufen. In dieser Funktion hatte er sich vor allem um die Beseitigung der Schäden der fast jährlichen Überschwemmungen der Saale im Gebiet um Jena zu kümmern, was er auch ohne diese Berufung schon in früheren Jahren getan hatte.

Die Zeit in der Universitätsstadt nutzte er stets für eine intensive literarische Arbeit.

Schiller bedauerte einmal, daß die Überschwemmungen in Jena Goethe so oft aus seiner Arbeit in Weimar rissen. Goethe soll dazu still gelächelt und gesagt haben: „Mein lieber Hofrat Schiller! Wäre die Saale nicht so keck, sich gelegentlich aus ihrem Bett zu erheben, käme ich wohl mit meinen Musen gar nicht mehr zurecht."

Und Schiller bestätigte diese Aussage in einem Brief an seinen Freund Christian Gottfried Körner in Dresden im September 1800: „Er hat das Unglück, daß er in Weimar nicht arbeiten kann. Was er binnen vier bis fünf Jahren geschrieben, das ist alles in Jena entstanden."

Pappeln an der Saale, Zeichnung von Goethe (1806).

Spannung macht taub

Goethe erzählte selbst häufig, daß ihm der Romantiker Ludwig Tieck einmal in Jena seine „Genoveva" vorgelesen habe. Und er fügte dann immer hinzu: „Als er anfing, schlug es acht Uhr, als er aufhörte, elf Uhr. Neun und zehn habe ich gar nicht schlagen hören."

Der lesende Tieck, Schattenriß von Luise Duttenhofer.

Was der heilige Christ verlieren solle

Noch keine vier Wochen war Goethe aus Italien zurück, als ihn am 12. Juli 1788 bei seinem morgendlichen Spaziergang durch den Weimarer Park an der Ilm die damals 23jährige Christiane Vulpius ansprach, ein rotwangiges, braungelocktes, hübsches und natürliches Mädchen. Lächelnd überreichte sie dem 38jährigen Geheimrat eine Petition ihres Bruders Christian August mit der Bitte, ihn bei der Suche nach einer geeigneten Tätigkeit zu unterstützen. Der Vater hatte seinen schriftstellerisch begabten Sohn das Gymnasium besuchen und anschließend Jura studieren lassen. Als er 1786 verstarb, mußte der Sohn sich und seine beiden jüngeren Schwestern versorgen.

Goethe nahm sich des jungen Schriftstellers an, der es ihm mit fleißiger und gewissenhafter Arbeit als Übersetzer, Bearbeiter von Bühnenstücken, als Theaterdichter und Bibliothekar dankte, sogar noch 1823 zum Dr. phil. promoviert wurde. Nebenbei schriftstellerte er weiter, gab zwei Zeitschriften heraus und schrieb den Räuberroman „Rinaldo Rinaldini", der ein breites Lesepublikum fand und in viele Sprachen übersetzt wurde.

Seine Schwester Christiane konnte aus finanziellen Gründen keine gründliche Schulbildung erhalten und verdiente ihren Lebensunterhalt als Kunstblumenherstellerin in der Bertuchschen Manufaktur.

Goethe war nach seinem zweijährigen Italienaufenthalt in Weimar nicht sofort wieder mit offenen Armen empfangen worden. Auch von der von ihm angebeteten Charlotte von Stein fühlte er sich nicht mehr verstanden.

So traf Christiane Vulpius auf einen zu diesem Zeitpunkt sehr einsamen Menschen, dem sie sicher wie eine Botin aus den soeben verlassenen südlichen Gefilden erschien. Ihr freundliches und natürliches Wesen entflammte seine Sinnenfreude. Und so machte er sie zu seiner Geliebten, die er zunächst neun Monate vor der Welt, vor allem vor den Weimarer Hofschranzen, in seinem Gartenhaus an der Ilm verbarg. Einige der schönsten „Römischen Elegien“, die in diesen Monaten entstanden, zeugen vom erlebten häuslichen Glück in seiner „Gewissensehe“.

Doch in der kleinen Residenzstadt Weimar konnte das Verhältnis nicht lange ein Geheimnis bleiben. Die adlige Gesellschaft lehnte die Liaison ab, selbst Goethes Freunde Schiller und Herder äußerten sich verständnislos. Im gesellschaftlichen Verkehr mit Goethe wurde seine Freundin ignoriert. Charlotte von Stein löste ihre Beziehung zu ihm mit den Worten: „Dieses Verhältnis ist ekelhaft!“

Die Höflinge und Bürger zerrissen sich die Mäuler über das „Liebchen“, „Dirnchen“ und „Kreatürchen“, die Goethe selbst sein „Blumenmädchen“, seinen „Bettschatz“, sein „kleines Eroticon“, später seinen „lieben Hausschatz“ nannte.

Christiane Vulpius konnte Goethe geistig keine ernsthafte Partnerin sein. Sie verstand nicht viel von Poesie, dafür umso mehr von der energischen und geschickten Führung des großen Haushaltes. Auch sprach sie ihn stets mit „Herr Geheimrat“ an, was ihm schmeichelte.

Christiane Vulpius, Bleistiftzeichnung von Goethe (um 1788/89).

Rührend, wenn auch in eigenwilliger Rechtschreibung, ihre Briefe an den häufig dienstlich abwesenden Hausherrn mit Schilderungen all der Anstrengungen bei der Führung des Haushaltes:

„In Eile will ich Ihnen nur schreiben, daß sie mir mit den Rehekeulichen eine rechte Freude gemacht haben. Mir haben seit Montag gewaschen und getrockenet und heute bügeln mir, und die Stähle glühen, da kann ich Ihnen nicht mehr schreiben. Leben Sie wohl und behalten Sie Ihren Haus-Schatz lieb."

Von der Weimarer Hofgesellschaft wurde vor allem Christianes große Begeisterung für ein flottes Tänzchen und einen guten Tropfen kritisiert. Doch Goethe war nicht bereit, sein Schlafzimmer nach den Vorstellungen der Höflinge zu einer Art „poetischer Akademie" zu gestalten, er suchte darin offenbar ganz andere Freuden.

1789 wurde ihnen ihr Sohn August geboren, bei dessen Taufe der Herzog Carl August Pate stand, damit vor seinem Hof ein positives Zeichen setzend.

Goethes Mutter hatte Christiane von Anfang an toleriert. Nach ihrem ersten Treffen in Frankfurt schrieb sie an ihren Sohn: „Du kannst Gott danken! So ein liebes, herrliches, unverdorbenes Gottesgeschöpf findet man selten ..."

Vom 16. Dezember 1800 ist uns ein von großer Liebe zeugendes, gleichzeitig in seiner Naivität rührendes Weihnachts-Wunschbriefchen an Goethe überliefert, das ihm Christiane nach Jena sandte:

„Nun wünschte ich mir, der heilige Christ verlör in Jena 10 Ellen weißen Halb-Atlas, die Elle zu zwölf Groschen, das wären vier Thaler; das wäre dem heiligen Christ ein leichtes. Oder nur fünf und eine halbe Elle Galico-Halb-Atlas, das wären nur zwei Thaler und 6 Groschen, die Elle zu zwölf Groschen. Das müßte der heilige Christ aber bald verlieren; sollten Sie ihm etwa unverhofft begegnen, so können Sie mit ihm darüber sprechen. Sie müssen aber ja nicht böse werden, daß ich Sie mit einem solchen Auftrag beschwere."

Doch bescheiden versicherte sie, daß sie auch zufrieden wäre, wenn der heilige Christ nichts verloren hätte.

Kochen für den „lieben Schatz"

Bekanntlich aß Goethe sehr gern und gut, mußte aber stets Rücksicht nehmen auf seinen empfindlichen Magen.
Jena war damals für schlechtes Essen bekannt. Und auch Goethe klagte bei seinen Aufenthalten in der Universitätsstadt gegenüber seiner Freundin und späteren Ehefrau Christiane nicht selten darüber.
In einem Brief vom 19. Januar 1802 berichtete er, daß der Mittagstisch wie immer nur zur Not genießbar gewesen sei. Ein Gericht mit Meerrettich, das er beim Schloßvogt eingenommen hatte, habe ihm mit den übelsten Nachwehen den ganzen Nachmittag verdorben, und die Knackwurst eines Jenaer Fleischermeisters sei total versalzen gewesen.
Häufig erbat er sich von Christiane manche Delikatesse, wie in diesem Briefchen nachzulesen ist:
„Ich übertreibe nicht, wenn ich sage, daß ich vier, fünf Tage lang bloß von Cervelatwurst und rotem Wein gelebt habe; ich bitte dich also aufs allerinständigste, mir mit jedem Botentage etwas Gebratenes, einen Schöpsenbraten, Kapaun, ja einen Truthahn zu schicken, es mag kosten, was es wolle, damit wir nur zum Frühstück, zum Abendessen, und wenn es zu Mittag gar zu schlecht ist, irgend etwas haben, was sich nicht vom Schweine her schreibt."
Das Essen schickte Christiane dann mit der Botenfrau durch das Mühltal nach Jena. Und wenn es ganz schlimm kam, so erbat sich der Dichterfürst die vortrefflichen Kochkünste Christianes, die dann selbst in Jena anreiste, um ihrem „lieben Schatz" etwas Gutes zu kochen.

Bei Frommanns

Das gesellige Leben der Universitätsstadt Jena erhielt um 1800 einen neuen Mittelpunkt, nachdem ein Jahr vorher Fichte die Stadt verlassen hatte: das Haus des Buchhändlers und Verlegers Carl Friedrich Ernst Frommann. Die Familie war im Frühjahr 1798 von Züllichau nach Jena gezogen und bewohnte am Graben, dem heutigen Fürstengraben, ein weiträumiges, mehrflügeliges, vom Wein überranktes Gebäude, das wie ein kleines Gutshaus aussah. Im Erdgeschoß hatte der Hausherr seinen Verlag etabliert, im Obergeschoß lagen die Wohn- und Gesellschaftsräume. Das Anwesen wurde ergänzt durch einen Hof und einen kleinen Garten, eine Mauer trennte es von der Straße.

Im ersten Stock befand sich auch die blaue Stube mit dem großen runden Tisch, an dem allabendlich von fünf bis acht Uhr Frau Johanna ihre Gäste zum Tee mit Butterbrot und Zwieback empfing.

Goethe war hier besonders aufgeschlossen, las auch oft in den Abendgesellschaften vor. Am 19. Juni 1823 bemerkte er zu Eckermann: „Es wird ihnen in diesem Kreis gefallen. Ich habe dort schöne Abende verlebt. Auch Jean Paul, Tieck, die Schlegels und was in Deutschland sonst Namen hat, ist dort gewesen und hat dort gerne verkehrt, und noch jetzt ist es der Vereinigungspunkt vieler Gelehrter und Künstler."

Der spätere Hamburger Senator Hudtwalcker kam als 22jähriger Student nach Jena und als Verwandter in Frommanns Haus. Er konnte nicht genug schwärmen von den Abenden, die Goethe hier im vertrauten Kreis verbrachte: „Wie spricht er! Jedermann bildet sich ein, wenn er mit ihm spricht, selbst Goethe zu sein und fühlt sich unbewußt zu ihm hinaufgehoben. Er schätzt jedes, er kennt jedes, beurteilt jedes, was irgend einen menschlichen Geist beschäftigen kann. Am interessantesten ist es, ihn über naturhistorische Gegenstände, besonders Blumen, zu hören. Seine fast kindliche und rührende Zartheit, die seine Leser kennen, scheint hier in einer Liebenswürdigkeit, die kein Gedicht erreichen kann. Er spricht

mit großer Lebhaftigkeit. Sein Blick ist hinreißend, und wenn vollends eine Träne sein Auge füllt, was ihm im Feuer seiner Begeisterung und bei seiner sittlichen Reizbarkeit nicht selten begegnet, so möchte gewiß jeder Jüngling ihm um den Hals fallen und jedes Mädchen an seine Brust."
Und wenn der „Jüngling" Goethe seine Geistesschätze vor den Freunden ausbreitete, dann schwärmte der junge Student: „Über Blumen solltest du Goethen einmal reden hören, wie eine Jungfrau zart und innig und begeistert wie ein Brahmine."

Das Frommannsche Haus am Fürstengraben vor der 1997 begonnenen Sanierung.

Und noch etwas beflügelte zweifellos den Geheimrat: die Anwesenheit der 1789 geborenen Pflegetochter der Familie Frommann, Christiane Friederike Wilhelmine Herzlieb, genannt „Minchen". Ihre Eltern, nahe Freunde der Frommanns, waren früh verstorben, Minchen war neunjährig in die Familie gekommen, wo sie immer mit zärtlicher Rücksicht behandelt wurde. Goethe hatte sie als Kind bereits oft hier gesehen, kleine Eintragungen in seinem Tagebuch erinnern daran. So am 14. Dezember 1806: „Am Nachmittag kam Minchen, ihren Pflegevater abzuholen." Am 22. Juni 1808 schreibt er an Johanna Frommann:
„Besonders dankbar sind wir für die Versicherung, daß es unserem Minchen wohlgehe. Zwar konnte man vorausse-

hen, daß ein so liebes Kind, das der Natur und Ihnen so viel verdankt, überall zum besten aufgenommen sein und lebhafte Freundschaften erwecken würde ..."
Fast unbemerkt wurde sie 19 Jahre, und ihre Anmut und Schönheit löste eine tiefe Bewegung im fast 60jährigen Geheimrat aus. Davon ahnte sie wohl damals nichts, für sie war Goethe eben der „liebe, alte Herr". Sicher widmete er ihr einige seiner 17 Sonette, vielleicht auch mehr. Doch soviel ist gewiß: frühere Goetheforscher hatten ihre Bedeutung für sein literarisches Schaffen wohl überschätzt. Vor allem stützten sie sich dabei auf den wehmütigen Rückblick Goethes in seinem Brief vom 6. November 1812 an seine Ehefrau Christiane: „Gestern Abend habe ich Minchen wieder gesehen. An Gestalt und Betragen usw. aber immer noch so hübsch und so artig, daß ich mir gar nicht übel nehme, sie einmal mehr als billig geliebt zu haben."
Erst im Alter mag ihr wohl bewußt geworden sein, daß sie Goethes Geliebte war. Da war sie schon sehr unglücklich. Nach wenigen Romanzen heiratete sie 1821 den Oberappellationsgerichtsrat Prof. Walch. Er war alt, verwachsen, häßlich. Gewissenskämpfe zwischen Pflicht und Abneigung rieben ihre weiche Seele auf. Walch starb 1853, zu spät für einen Neuanfang seiner Witwe. 1865 verstarb sie in einer Heilanstalt.

Mit Silvie auf dem Bergschloß

Am 5. März 1802 traf der 53jährige Goethe auf einem Ball beim Jenaer Medizin-Professor Justus Christian Loder die erst 17jährige Silvie von Ziegesar und entflammte für sie. Silvie war die jüngste Tochter des sächsisch-gothaischen Kammerherrn August Friedrich Karl Freiherr von Ziegesar, mit dem der Dichterfürst bereits seit 1776 bekannt und befreundet war.

Silvie von Ziegesar, Pastellbild von Louise Seidler (1812).

Die Familie Ziegesar verbrachte mit ihren vier Töchtern alljährlich den Sommer auf ihrem Rittergut in Drackendorf, damals eine Exklave des Herzogtums Sachsen-Gotha-Altenburg. Es liegt im Süden Jenas unterhalb der Lobdeburg-Ruine und ist heute in die Stadt eingemeindet. Die Familie schloß sich während dieser Aufenthalte gern den gesellschaftlichen Kreisen der Universitätsstadt an.
Goethes „Tag- und Jahreshefte" bemerkten schon frühzeitig das junge Mädchen: „Kinder, bei meinem ersten Eintritt in Drackendorf noch nicht geboren, kamen mir stattlich und liebenswürdig herangewachsen hier entgegen."

Ohne Rücksicht auf den beträchtlichen Altersunterschied begann von beiden Seiten eine leidenschaftliche und tiefe Neigung. Goethe nahm dabei keine Rücksicht auf sein in Weimar wartendes „kleines Eroticum", seinen „lieben Bettschatz" Christiane Vulpius. Silvie, offenbar geschmeichelt von der Zuneigung des großen Dichters und Staatsmannes, erwiderte die Gefühle des 36 Jahre älteren Geheimrates.
Nach einer gemeinsamen Wanderung zur Lobdeburg im Mai 1802 entstand Goethes Gedicht „Bergschloß". Darin beichtete er seine innersten Empfindungen für Silvie. Ihrem Neffen schrieb das junge Mädchen stolz, daß er die Verse an ihrem Nähtisch in der Eckstube des Drackendorfer Gutshauses für sie geschrieben habe.
Aber auch Silvie dichtete für ihren Geliebten. Nach der Frankfurterin Marianne von Willemer war sie die zweite Frau in Goethes Romanzen und Affären mit poetischen Neigungen. Ohne Silvie vergessen zu können, beendete der große Dichter 1803 das Verhältnis. Aber 1807 begegnete er ihr erneut bei Frommanns und ging einer lockeren Liaison abermals nicht aus dem Weg, obwohl er gerade seine langjährige Freundin Christiane Vulpius geheiratet hatte.
Von 1802 bis 1809 war Silvie von Ziegesar die dominierende Frauengestalt in Goethes Leben und literarischem Schaffen, erst dann brach er die Verbindung vorsichtig ab: „Wie gern flüchten meine Gedanken zu ihnen!"
Wie schwer ihm die Trennung gefallen sein mag, bringt sein Geburtstagsgedicht vom 21. Juni 1808 zum Ausdruck, dessen Steigerung in der letzten Zeile besonders bemerkenswert ist:

Folge so Dir immer, wie sich's wölken mag,
Heit'rer Sonnenschimmer, Dir zum eignen Tag!
Trotz dem Wetterbübchen, geb's Dir jungem Blut,
Tochter, Freundin, Liebchen, wie Du's wert bist, gut!

1814 heiratete Silvie den Theologen und Liederdichter Friedrich August Koethe. Sie führten eine 36jährige glückliche Ehe. Goethe wurde Pate ihres ersten Kindes. Silvie verstarb 1855, sie wurde 70 Jahre alt.

Die Ruine der (oberen) Lobdeburg ist Goethes „Bergschloß".

Johann Wolfgang von Goethe

Bergschloß

Da droben auf jenem Berge,
Da steht ein altes Schloß,
Wo hinter Toren und Türen
Einst lauerten Ritter und Roß.

Verbrannt sind Türen und Tore
Und überall ist es so still;
Das alte verfall'ne Gemäuer
Durchklettr' ich, wie ich nur will.

Hierneben lag ein Keller,
So voll von köstlichem Wein;
Nun steigt nicht mehr mit Krügen
Die Kellnerin heiter hinein.

Sie setzt den Gästen im Saale
Nicht mehr die Becher umher,
Sie füllt zum heiligen Mahle
Dem Pfaffen das Fläschchen nicht mehr.

Sie reicht dem lüsternen Knappen
Nicht mehr auf dem Gange den Trank
Und nimmt für flüchtige Gabe
Nicht mehr den flüchtigen Dank.

Denn alle Balken und Decken,
Sie sind schon lange verbrannt,
Und Trepp' und Gang und Kapelle
In Schutt und Trümmer verwandt.

Doch als mit Zither und Flasche
Nach diesen felsigen Höhn
Ich an dem heitersten Tage
Mein Liebchen steigen gesehn,

Da drängte sich frohes Behagen
Hervor aus verödeter Ruh,
Da ging's wie in alten Tagen
Recht feierlich wieder zu.

Als wären für stattliche Gäste
Die weitesten Räume bereit,
Als käm' ein Pärchen gegangen
Aus jener tüchtigen Zeit.

Als stünd' in seiner Kapelle
Der würdige Pfaffe schon da
Und fragte: „Wollt ihr einander?"
Wir aber lächelten: „Ja!"

Und tief bewegten Gesänge
Des Herzens innigsten Grund;
Es zeugte statt der Menge
Der Echo schallender Mund.

Und als sich gegen den Abend
Im stillen alles verlor,
Da blickte die glühende Sonne
Zum schroffen Gipfel empor.

Und Knapp' und Kellnerin glänzen
Als Herren weit und breit;
Sie nimmt sich zum Kredenzen
Und er zum Danke sich Zeit.

Der Schlüssel zum Herzen

Seit seiner Kindheit war Johann Wolfgang Goethe stets erfolgreich gewesen, er konnte anpacken, was auch immer er wollte. Lag es daran, daß er gegenüber seiner Umgebung vorsichtig war, selten jemanden in sein Herz blicken ließ, fast jeden seiner Freunde mit „Sie" ansprach, sogar Friedrich Schiller?

Als 25jähriger machte er gegenüber seinem damaligen Freund, dem Schweizer Schriftsteller und Religionsphilosophen Johann Caspar Lavater eine Bemerkung zu seinem Verhältnis zu anderen Menschen, die jener sogleich für die Nachwelt niederschrieb: „Sobald man in Gesellschaft, nimmt man vom Herzen den Schlüssel ab und steckt ihn in die Tasche. Die ihn steckenlassen sind Dummköpfe!"

Dreißig Jahre später deutete der Erzieher und Hauslehrer von Goethes Sohn August, der Philologe Friedrich Wilhelm Riemer, in einem Brief an den Jenaer Buchhändler und Verleger Frommann diese Bemerkung aus seiner Sicht: „Weil man ihn anpumpen will, so gibt er eben nur das, was ihm beliebt und womit er zwischen den Parteien so eben durchkommt. Wo er keine Hinterlist ahnt, da gibt er sich frei."

Die Schneeballschlacht

An einem Winterabend trennte sich bei Frommanns am Jenaer Fürstengraben wieder einmal eine heitere Gesellschaft. Die Köchin Henriette Hunger leuchtete einigen Herren über den Hof und hörte dabei, wie sie sich verabredeten, Goethe mit Schneebällen zu verabschieden.
Rasch sprang die Köchin in den Garten und formte in ihre Schürze dicke, feste Schneebälle. Noch im Flur traf sie auf Goethe und bat ihn, die gefüllte Schürze vorzubinden, er würde sie gewiß sogleich brauchen.
Das war ein lustiges Treiben auf dem Hof, als die Gäste glaubten, mit ihren Schneebällen den wehrlosen Goethe überfallen zu können und der sie mit reichlicher „Munition" seinerseits in die Flucht schlug.
Ein gutes Trinkgeld soll Goethe der Köchin übergeben haben, und im Kreise von Vertrauten äußerte er: „Mit guten Freunden an Deiner Seite kannst Du getrost dem Teufel in den Rachen springen!"

Unterschiede

Im Kreise Jenaer Professoren las Goethe um 1803 aus seinem gerade entstandenen Werk „Die natürliche Tochter". Es sollte ja der erste Teil einer geplanten tragischen Trilogie sein, Goethes Antwort auf die Französische Revolution. Auch Johann Gottfried Herder war, wenige Monate vor seinem Tod, aus Weimar herübergekommen, um sich das Stück anzuhören.

Alle lobten das Werk, nur Herder blieb stumm. „Nun", sprach ihn Goethe an, „Du sagst gar nichts über das Stück. Hat es dir am Ende nicht gefallen?"

„O doch", widersprach Herder, „deine ‚Natürliche Tochter' gefällt mir weit besser als dein natürlicher Sohn!"

Die Antwort vertiefte die bereits seit 1795 bestehende Entfremdung zwischen beiden, an der der empfindliche und häufig schlecht gelaunte Herder vor allem schuld war.

Johann Gottfried Herder und seine Frau Caroline, Schattenriß (1785).

Gestatten: Müller

Der Weimarer Schauspieler Heinrich Anschütz hinterließ uns in seinen „Erinnerungen“ eine Szene, die er in Jena bei einer Aufführung von Goethes „Natürlicher Tochter“ persönlich erlebt haben will:
Der Saal war gefüllt, kein Platz mehr frei. Nach dem zweiten Akt soll sich ein Student an einen neben ihm sitzenden älteren Herrn mit der Frage gewandt haben: „Sagen Sie, ist das Stück nicht von Vulpius, dem Verfasser der tollen Räubergeschichten?“
Der Nachbar schüttelte den Kopf: „Nein, das Stück ist von Goethe!“
Nach dem dritten Akt fragte der Student wiederum: „Wissen Sie eigentlich genau, daß das Stück nicht von Vulpius ist?“
„Ja“, meinte der Nachbar, „das Stück ist von Goethe!“
Nach dem vierten Akt räusperte sich der Student: „Ich denke trotzdem, das Stück sei von Vulpius!“
„Nein, von Goethe“, wurde er zurechtgewiesen.
Am Schluß endlich behauptete der Student: „Sie können mir sagen, was Sie wollen, das Stück ist doch von Vulpius!“
Da erhob sich der stattliche Nachbar und donnerte ihn an: „Das Stück ist von Goethe – und ich bin Goethe!“
Auch der Student erhob sich: „Sehr erfreut, mein Name ist Müller.“

Lustflammen auf den Bergen

Goethe liebte die alten Bräuche und setzte sich für ihre Erhaltung ein. Das galt auch für die christlichen Johannisfeste, die anstelle der altgermanischen Sonnwendfeiern in Jena begangen wurden. Die dabei auf dem Landgrafen, den Sonnenbergen, dem Jenzig, der Wilhelmshöhe und unter dem Fuchsturm hell lodernden Johannisfeuer sollten hohe Ernten und Gesundheit für Mensch und Tier sichern.
Die Jungen organisierten sich streng nach ihrem Wohngebiet in Johannisfeuer-Gemeinden. Die von ihnen entflammten Feuer wurden mit Pfingstmaien, Fässern, Kisten, vor allem aber mit den in den Haushalten der Stadt im Verlauf des Jahres abgenutzten Reisigbesen gespeist. Die Knaben wurden dabei unterstützt durch Jugendliche und Studenten, aber auch durch viele „Alte Herren". Dabei kämpften die Gruppen alljährlich um das jeweils größte Feuer, das umtanzt und dessen Reste schließlich übersprungen wurden. Brennende Wagenräder, mit Stroh und Reisig umwickelt, wurden von den Bergen gerollt als Mahnung vor den wieder kürzer werdenden Tagen. Die Brandgefahr war dabei gering, waren die Berge um Jena doch damals noch weitgehend unbewachsen. Trotzdem wurden die Johannisfeuer von der Polizei häufig verboten.
Goethe gefielen die „Lustflammen auf den Bergen" und er bedauerte die Verbote.
In seinen „Xenien" formulierte er seine Wünsche:

Johannisfeuer sei unverwehrt,
die Freude unverloren!
Besen werden immer stumpf gekehrt
und Jungen immer geboren!

1804 setzte sich der Wirkliche Geheime Rat des Herzogtums Sachsen-Weimar-Eisenach erfolgreich für die Aufhebung des polizeilichen Verbots ein, so daß die Jenaer Studenten, Jugendlichen und Kinder ihre Johannisfeuer auf den Bergen entfachen durften.

Im kleinsten Raum

Auch in Jena galt die Teilnahme Goethes an bürgerlichen Gesellschaften als große Ehre für den Gastgeber. Hoch schlugen die Wogen der Diskussion bei einem Kaufmann nach dem vorzüglichen und reichlichen Abendesssen. Als die Gespräche ihren Höhepunkt erreicht hatten, entschuldigte sich der Dichter, sein Magen bedrücke ihn erheblich. Sprach's und verschwand für eine lange Zeit hinter der Tür mit dem Herzchen.

Langsam versickerte der Meinungsaustausch. Gastgeber und Gäste warteten und warteten auf die Wiederkehr des Geheimrates und Dichters. Goethe ließ sich lange nicht blicken. Ängstlich beriet man, ob dem hochverehrten Gast etwas Schlimmes zugestoßen sein könne, ob man nur rufen oder gar die Tür eintreten solle.

Endlich erschien der Langersehnte, leuchtenden Auges, in der Hand ein Bündel vergilbter Geschäftspapiere: „Hochinteressant, was Sie da so im kleinsten Raum Ihres Hauses ausgelegt haben!“

Goethes kleines Eroticum

Der 14. Oktober 1806 war ein trüber, nebliger Tag. Am späten Nachmittag verfolgten die napoleonischen Truppen die aus der Schlacht von Jena und Auerstedt geflüchteten preußischen Soldaten auch nach Weimar. Die 7000 Einwohner der Residenzstadt wurden von mehr als 40 000 müden, hungrigen und beutegierigen Franzosen auf das Übelste drangsaliert. Goethe schrieb an diesem Tag in sein Tagebuch: „Sieben Uhr Brand, Plünderung, schreckliche Nacht, Erhaltung unseres Hauses durch Standhaftigkeit und Glück." Was war passiert im Haus am Frauenplan?

Goethe mußte am Nachmittag 16 Offiziere des Stabes der Elsässischen Husaren in Quartier nehmen, die sich einigermaßen menschlich verhielten, wenn man von Anzüglichkeiten gegenüber der Hausherrin absah. Jedoch in der Nacht forderten zwei versprengte Tiralleurs Einlaß und nötigten Goethe, mit ihnen zu trinken. Als sich endlich alle anderen zum Schlafen niedergelegt hatten, drangen sie in das Schlafzimmer des Hausherren ein und bedrohten sein Leben, um Kostbarkeiten und Geld zu erpressen.

Christiane rief rasch einen der vielen Weimarer Bürger zu Hilfe, die im Haus am Frauenplan Schutz gesucht hatten. Beide drängten die Marodeure mutig aus dem Haus.

Am Morgen des 15. Oktober nahm Marschall Ney bei Goethe Quartier und eine Schutzwache zog vor der Tür auf.

Nie wieder sprach Goethe über diese schweren Stunden seines Lebens. Aber Christiane bezeugte er seine Dankbarkeit, indem er sie fünf Tage später, am 19. Oktober 1806, aus einem 18jährigen Konkubinat befreite und ehelichte.

Die Hochzeit fand in der Sakristei der Weimarer Jakobskirche statt, die seit 1778 die Hof- und Garnisonkirche war. Als Datum der Eheschließung ließ er in die Ringe den 14. Oktober 1806 gravieren, den Tag, an dem ihm Christiane das Leben rettete. Die Trauung fand in aller Stille statt, nur zwei Gäste waren außer dem Brautpaar und dem Pfarrer anwesend: der gemeinsame, indessen 17 Jahre alte Sohn August und dessen früherer Lehrer Friedrich Wilhelm Riemer.

Vor der Trauung ließ Goethe den Hofprediger wissen: „Ich will meine kleine Freundin, die so viel an mir getan ... völlig und bürgerlich anerkennen als die Meine."

Als Christiane gefragt wurde, warum sie nun doch geheiratet hätten, antwortete sie spitzbübisch: „Der Herr Geheimrat und ich, wir saßen immer und sahen uns an. Das wurde am Ende langweilig."

Wie müssen wir uns Goethes Ehefrau Christiane vorstellen? Eine ausführliche Beschreibung verdanken wir dem Jenaer Buchhändler und Verleger Frommann von 1812:

„Frau von Goethe war eine nicht große, etwas gedrungene Gestalt mit starken Zügen, etwas gerötetem Teint und gutmütigem Ausdrucke. Obgleich unbedeutend, nicht mit den Geistesgaben ausgerüstet, ihres Mannes gewaltigem Gedankengange folgen zu können, war sie jedoch weit entfernt davon, mißstimmend auf ihn zu wirken. Im Gegenteil war ihr heiterer, lebensfroher Sinn eine Erfrischung für ihn geworden, und allmählich hatte sie ihr äußeres Wesen so zu bilden verstanden, daß sie mit allem Anstande die Honneurs ihres Hauses machen konnte.

Die Ehe war eine zufriedene, keiner störte den anderen; Goethe setzte etwas darein, seine Frau auch öffentlich zu ehren und seine Zuneigung zu ihr einzugestehen. Oft sah ich sie, von seinem Arme geführt; es lag dann eine stolze Zufriedenheit in ihren Mienen, und stets hegte sie einen an Furcht grenzenden Respekt vor ihrem Manne, der sich oft unverhohlen äußerst komisch aussprach.

Wenn sie in Jena war, besuchte sie mich oft; sie wußte dann immer eine Menge Neuigkeiten und plauderte so heiter in einem fort, daß es amüsant war, ihr zuzuhören. Mitunter brach sie dann plötzlich auf, um fortzueilen, und wenn ich sie zu bleiben bat, sagte sie: ‚Ich kann nicht, der Geheimrat zankt sonst, wenn ich länger bleibe.'"

Die Mahnung

Von Goethe wird berichtet, er habe auch zu jenen Bücherfreunden gehört, die sich bei Bekannten seltene Bücher ausleihen, dann aber die Rückgabe „vergessen". Als er die damals kaum erhältliche Ausgabe der Dramen des Sophokles ihrem Besitzer, seinem Freund Christoph Martin Wieland, trotz Mahnung noch nicht zurückgegeben hatte, revanchierte der sich mit folgenden Zeilen:

> Lieber Goethe!
> In der Aneignung der griechischen Klassiker finden Ihre Freunde Sie unerreicht, aber in der Wiedergabe lassen Sie sehr zu wünschen übrig.
> Ihr Wieland.

Christoph Martin Wieland am Schreibtisch, Silhouettenbild (1806).

Unrecht Gut

An den in seiner Zeit hervorragendsten deutschen Chemiker Johann Wolfgang Döbereiner erinnert ein Findling aus dem Waldecker Forst mit einer Gedenktafel neben den Denkmalen weiterer Jenenser Geistesgrößen auf der „Via triumphalis" am Fürstengraben. Und seit 1958 erinnert an ihn auch eine Statue von Hans Steger vor dem nach ihm benannten Hörsaal Am Steiger 3.

Döbereiner war ein vielseitiger Wissenschaftler, am bekanntesten wurde er im Volke durch die Entdeckung der Entzündlichkeit von Wasserstoff mittels Platinschwamm und die darauf beruhende Erfindung des nach ihm benannten Platinfeuerzeugs.

Zur Weiterführung der Versuche hatte der Zar von Rußland eine große Platinstufe für Döbereiner an den Großherzog Carl August gesandt, der es Goethe zur Weitergabe an den großen Chemiker in Jena übergab.

Goethe, der für Mineralien bekanntlich eine wahre Leidenschaft entwickelt hatte, stellte die Stufe zu seinen liebsten mineralischen Schätzen, erfreute sich an ihr und konnte sich endlich nicht mehr von ihr trennen. Döbereiner wurde ungeduldig und schrieb ihm darum. Keine Antwort. Er schrieb wieder. Abermals vergebens. Goethe verschob die Übergabe wieder und wieder. Endlich verlor Döbereiner die Geduld und beschwerte sich beim Großherzog.

Carl August lachte: „Laßt den alten Esel doch in Ruhe! Ihr bekommt's doch nie von ihm! Lieber will ich den Zaren um eine zweite Platinstufe für Euch bitten!"

Die Privatsache

An einem warmen Sommerabend diskutierte die Tischrunde im Sommerhaus des Theologie-Professors Johann Jakob Griesbach, dem jetzigen Prinzessinnenschlößchen, sehr lebhaft über die zahllosen Regeln und Probleme der deutschen Rechtschreibung und Interpunktion. Einige Gäste waren der Meinung, daß ein gebildeter Deutscher sie unbedingt beherrschen müsse.

Auch Goethe äußerte seinen Standpunkt: „Offengestanden pflege ich mir diese Dinge vom Leibe zu halten. Ich mache nämlich, wenn man einen strengen Maßstab anlegt, sicherlich selbst noch genügend Schnitzer. Was allerdings die Zeichensetzung angeht, so pflege ich mein Gewissen immer mit der Maxime meines Freundes Wieland zu beruhigen: Religion und Interpunktion sind Privatsache!“

Im Prinzessinnen-Garten zu Jena, Radierung von Christian Carl Ludwig Heß.

Schmiergelder

In der Remise des Hauses am Weimarer Frauenplan steht jetzt wieder die einzige Reisekutsche aus dem Besitz des Dichterfürsten.
Goethe hatte den leichten, viersitzigen, mit einem Halbverdeck ausgerüsteten Reisewagen, eine sog. Batarde, 1810 für 1200 Gulden in Karlsbad gekauft. Der blaßgelb-schwarze Wagenaufbau hing in Federn und konnte drei große schwarze Reisekoffer tragen. Er wurde ehemals von zwei Pferden gezogen und ermöglichte Tagesreisen bis zu 60 Kilometern. Seit er diese Kutsche besaß, fuhr Goethe auf langen Reisen oft mit Extrapost, d. h. daß die Posthalter ihm nach entsprechender Voranmeldung an den Poststationen frische Pferde für seinen eigenen Wagen zur Verfügung stellen mußten. Das war auf seinen häufigen Fahrten nach Jena nicht notwendig. In seinen Reiseausgaben tauchten nach 1810 umfangreiche „Schmiergelder" auf, da die blechbeschlagenen, eichenen Holzachsen ständig gefettet werden mußten.

Haut dehnt sich

Heinrich Luden hinterließ uns in seinen „Rückblicken auf mein Leben“ eine Geschichte, die Goethe häufig erzählt und mit einem ausdrucksvollen Gebärdenspiel begleitet haben soll. Es ging dabei um zwei alte Gräfinnen aus Jena, die einen so außerordentlich großen Umfang gehabt hätten, daß sie oft auf zwei Stühlen sitzen mußten. Dabei saßen sie bewunderungswürdig unbeweglich, sobald sie einmal Platz genommen, und führten mit hoher Stimme und schneller Zunge ein endloses Geschwätz.

„Mir selbst“, sagte Goethe, „waren die wunderlichen Kugelgestalten dieser Damen am merkwürdigsten. Ich konnte nicht begreifen, wie es einem Menschen gelingen könne, es zu einer solchen Masse zu bringen. Auch hätte ich die Dehnbarkeit der menschlichen Haut nicht für so grenzenlos gehalten. Sobald ich aber die Ehre erhielt, einmal mit den edlen Damen zu speisen, wurde mir alles klar. Wir anderen wissen doch wahrlich auch, was Essen und Trinken heißt. Aber ein solches Essen, vom Trinken sage ich nichts, überstieg doch meine Vorstellungen. Jede der beiden Damen nahm zum Beispiel sechs harte Eier zum Spinat, schnitt jedes Ei in der Mitte durch und warf nun das halbe Ei mit so großer Leichtigkeit hinunter wie der Strauß ein halbes Hufeisen.“

Der Handel

Wenn Goethe längere Zeit in Jena verbrachte, suchte er gern eine Barbierstube in der Saalgasse auf, um sein Haupthaar wieder in die notwendige Form bringen zu lassen.

Sein Friseur hatte seinen Salon rasch modernisiert und für die Kunden bequem eingerichtet. Nach und nach bedienten sich viele der Universitäts-Professoren dieser Einrichtung.

Goethe wunderte sich über den rasch gewachsenen Wohlstand, noch mehr aber darüber, daß er selbst die Ursache dafür sein sollte. „So viel kann doch bei meinen wenigen Besuchen weiß Gott nicht abfallen", war sein Kommentar.

Der Figaro wand sich wie ein Aal: „Ja wissen Sie, Exzellenz, wir wurden ja nicht reich durch Haarschneiden und Rasieren, sondern durch den Handel."

Nun wollte es Goethe ganz genau wissen: „Und mit was handeln Sie?"

„Mit Goethe-Reliquien! Jede Locke von Ihnen wird von mir für einen Taler verkauft."

Fassungslos fragte der große Dichter: „Und so etwas wird gekauft?"

Der Barbier nickte: „Wir können die Nachfrage gar nicht befriedigen, so viele Bestellungen gehen täglich ein. Zum Glück hat die Universität noch mehr Weißköpfe. Und wo die Haare nicht gelockt sind, da muß halt die Brennschere nachhelfen."

Verhältnis zu Deutschland

Was hielt Goethe von Deutschland? Fühlte er sich als Deutscher oder als Hesse, der seinen Wohnsitz im Herzogtum Sachsen-Weimar-Eisenach genommen hatte? Dem Historiker Heinrich Luden beantwortete er 1813 nach der Völkerschlacht von Leipzig diese Fragen: „Glauben Sie ja nicht, daß ich gleichgültig wäre gegen die großen Ideen Freiheit, Volk, Vaterland. Nein, diese Ideen sind in uns; sie sind ein Teil unseres Wesens, und niemand vermag sie von sich zu werfen. Auch liegt mir Deutschland warm am Herzen. Ich habe oft einen bitteren Schmerz empfunden bei dem Gedanken an das deutsche Volk, das so achtbar im einzelnen und so miserabel im ganzen ist. Eine Vergleichung des deutschen Volkes mit anderen Völkern erregt uns peinliche Gefühle, über welche ich auf jegliche Weise hinwegzukommen suche; und in der Wissenschaft und in der Kunst habe ich die Schwingen gefunden, durch welche man sich darüber hinwegzuheben vermag: denn Wissenschaft und Kunst gehören der Welt an, und vor ihnen verschwinden die Schranken der Nationalität; aber der Trost, den sie gewähren, ist doch nur ein leidiger Trost und ersetzt das stolze Bewußtsein nicht, einem großen, starken, geachteten und gefürchteten Volke anzugehören."

Zucht und Ordnung

So sehr Goethe um die Festigung des wissenschaftlichen Rufes der Universität Jena bemüht war, so sehr stieß ihn der Unfug ab, den die Studenten auch im benachbarten Weimar trieben. Besonders mißfiel ihm ihr respektloses Verhalten im Hoftheater. Daher schaffte er 1813 ein Vorrecht ab, das den Studenten verbilligte Eintrittspreise sicherte und verbot ihnen außerdem, mit vierspännigen Wagen durch Weimar zu fahren.

Darüber ärgerten sich nun wiederum die Jenaer Studenten sehr und beschlossen, es Goethe heimzuzahlen. Auserkoren wurde dafür der 1. März 1813, das Datum der nächsten Aufführung von Schillers „Räubern".

An diesem Tag bewegte sich eine höchst seltsame Demonstration durch Weimar: an der Spitze ritt der Student Helmut

Johann Wolfgang von Goethe, Kreidezeichnung von Karl Joseph Raabe (1811).

von Bülow auf einem Esel, in der Hand eine Standarte mit den Worten: „Im Namen des Herrn von Goethe: daß nur kein Student mit vier Pferden nach Weimar kommen thut. Ruhe ist die erste Bürgerpflicht!"

Von Bülow wurde von zwei Studenten flankiert, die große Papptafeln auf Brust und Rücken trugen. Auf der Vorderseite stand: „Tages Arbeit, abends Gäste! Saure Wochen, frohe Feste. Wolfgang von Goethe." Und auf der Rückseite verkündeten sie: „Schmeißt die Studenten aus Weimar raus! Wirklicher Geheimer Rat von Goethe. Oberpolizeisoldat!"

Dieser Spitzengruppe folgten viele Studenten in Wagen, die von Kühen und Ochsen gezogen wurden, mit Spruchbändern und Plakaten ähnlichen Inhalts. Den Schluß bildeten einige hundert Studenten im Gänsemarsch, die sich gegenseitig an den Rockschößen festhielten.

Dieser Zug kam bis vor Goethes Haus am Frauenplan und sandte dort eine Delegation an Exzellenz, um ihn zur Zurücknahme seiner Festlegungen zu veranlassen. Goethe war sehr verärgert über die Verulkung seiner Person, ließ die Abordnung zurückweisen und zog sich grollend in sein Arbeitszimmer zurück.

Aber so leicht ließen sich die Studenten nicht zurückweisen. Einzeln erkletterten sie, sich gegenseitig stützend, die Hauswand, verneigten sich tief vor den geschlossenen Fenstern und stiegen wieder hinab auf die Straße.

Goethe war zuerst empört. Als jedoch die feierlich-stummen Verbeugungen gar kein Ende nehmen wollten, schlug sein Zorn doch endlich in Heiterkeit um und er ersuchte eine Abordnung, durch das sogleich geöffnete Fenster zu ihm zu kommen.

Das ließen sich die Studenten nicht zweimal sagen. Sie schlängelten sich durch das Fenster und verhandelten anschließend mit Goethe. Da auch Herzog Carl August seine helle Freude an dem gelungenen Streich hatte, wurden die Forderungen der Musensöhne rasch bewilligt. Noch am gleichen Tag verfügte Goethe die Aufhebung seiner Erlasse.

Unter lauten Hochrufen auf Goethe und Carl August bewegte sich die Demonstration nochmals durch Weimar, um danach hochbefriedigt wieder nach Jena zu ziehen.

Der Jenaer Ginkgo-Baum

Am Fürstengraben, direkt vor der Hauptfassade des Inspektorhauses des Jenaer Botanischen Gartens, erinnert ein heute stattlicher, etwa 200 Jahre alter Ginkgo-Baum an die Aufenthalte Goethes.

Der aus Asien stammende Baum heißt im Chinesischen Ginkyo, wobei „Gin" mit „Silber" übersetzt wird, „kyo" mit „Aprikose". Die Botaniker verstümmelten „Kyo" zu „kgo" und fügten dem Namen noch „biloba" hinzu. Tatsächlich hat die Ginkgo-Frucht von außen Ähnlichkeit mit einer Aprikose. Wäscht man die fleischige Hülle ab, so kommt die zweite, harte und weiße Samenschale zum Vorschein. Daher der Name „weiße - oder silberne - Aprikose", eben „Ginkgo"

Goetheliebhaber diskutieren jedoch weniger um die Frucht als vielmehr um die merkwürdige Blattgestalt. Der Kunstsammler und Schriftsteller Johann Sulpis Boisseree erinnerte daran, daß der Dichterfürst darin ein Liebessymbol erblickte: „Man weiß nicht, ob es eines ist, das sich in zwei Teile spaltet, oder zwei, die sich in eines verbinden."

Die Jenaer Legende behauptet immer wieder, daß Goethe die Anregung zu seinem Gedicht „Ginkgo biloba" von dem Ginkgo-Baum im Jenaer Botanischen Garten empfangen habe, den er selbst gepflanzt haben soll. Das aber ist keineswegs verbürgt, so wenig wie die Behauptung, er sei wenigstens beim Pflanzen dabeigewesen.

Offensichtlich widmete der Dichterfürst sein Gedicht im Buch Suleika in den Liedern des „West-östlichen Divans" der um 35 Jahre jüngeren Frankfurter Bankiersfrau Marianne von Willemer. Damit verarbeitete er eine ihn tief bewegende Begegnung mit dieser anmutigen, geistreichen und dichterisch hochbegabten Dame vom 23. bis 26. September 1815 in Heidelberg. Sie führte Johann Wolfgang von Goethe in jenen Tagen zu einem unbeschreiblichen poetischen Höhenflug.

Es ist verbürgt, daß er Frau von Willemer am Vollmondabend des 26. September 1815 in der glücklichen Laune des Verliebten und gleichzeitig in der wehmütigen Stimmung der

endgültigen Trennung ein Blatt vom Ginkgo-Baum vor der Heidelberger Schloßruine brach. Gleichzeitig versprachen sich die beiden Liebenden, in der folgenden Vollmondnacht aneinander zu denken.
Goethe löste sein Versprechen mit der Übersendung des Gedichtes „Vollmondnacht“:

Herrin, sag', was heißt das Flüstern?
Was bewegt Dir leis' die Lippen?
Lispelst immer vor Dich hin,
Lieblicher als Weines Nippen!
Denkst Du Deinen Mundgeschwistern
Noch ein Pärchen herzuziehen?
Ich will küssen! Küssen! sagt ich ...

Sicher nahm Goethe die Anregung zu seinem Gedicht „Ginkgo biloba“ von den Liebesabenden an der Ruine des Heidelberger Schlosses. Und vielleicht verwirklichte er beim Pflanzen eines solchen Baumes im Jenaer Botanischen Garten eine ständige Erinnerung an diese schönen Abende im fernen Heidelberg.

Das Inspektorgebäude am Botanischen Garten, 1825 nach Plänen von Clemens Wenzeslaus Coudray errichtet.

Ginkgo biloba

Dieses Baum's Blatt, der von Osten
Meinem Garten anvertraut,
Gibt geheimen Sinn zu kosten,
Wie's den Wissenden erbaut.

Ist es Ein lebendig Wesen,
Das sich in sich selbst getrennt,
Sind es zwei, die sich erlesen,
Daß man sie als Eines kennt?

Solche Frage zu erwidern,
Fand ich wohl den rechten Sinn;
Fühlst Du nicht an meinen Liedern,
Daß ich eins und doppelt bin?

Wenn der Fiskus nur will …

Nach 1815 kümmerte sich Goethe um die Edition einer vielbändigen Gesamtausgabe seiner Werke. Ihm zur Seite stand der Verleger Cotta, mit dem der Dichterfürst schon seit langem zusammenarbeitete. Schließlich galt den Zeitgenossen der Tübinger Unternehmer als der „Bonaparte unter den deutschen Buchhändlern". Keiner der in Jena und Weimar ansässigen Verleger konnte ihm das Wasser reichen. Die Klassiker haben ihre Bücher überall, nicht aber im eigenen Lande herausgebracht. Dennoch war nicht alles von hoher Qualität, was Cotta machte. So war Goethes große Werkausgabe auf schlechtem Papier gedruckt und verunstaltet von vielen Druckfehlern. Dennoch erhielt Goethe dafür die höchsten Honorare, die je einem deutschen Dichter für seine Werke gezahlt wurden: 10 000 Taler allein für die erste Gesamtausgabe, gar 16 000 Taler für die zweite.

Umso mehr störte ihn, daß ein Teil dieser Einnahmen durch den Fiskus wieder eingezogen wurden. Gegenüber dem Finanzministerium des Großherzogtums Sachsen-Weimar-Eisenach verwies er deshalb in einer längeren Eingabe auf seine ständig gestiegenen und weiter steigenden „Werbekosten".

Er sei eine öffentliche Person geworden, schrieb er, bei der täglich Post einginge, deren Beantwortung ihm wachsende Zeit und viel Geld kosten würde. Und so „wird mir nicht verargt werden, wenn ich einige Erleichterung von Staats wegen in bescheiden gebetenem Maße mir schmeicheln darf".

Die Erleichterung wurde ihm gewährt. Bei einem Jahreshonorar von etwa 10 000 Talern für den Druck seiner Werke zahlte er künftig nur noch etwa einhundertfünfzig Taler Steuern. Das waren gerade anderthalb Prozent. Welch goldene Zeit für freiberuflich Tätige!

Das Herzogtum Lichtenhain

Goethe selbst sprach gern dem Wein zu. Das hinderte ihn jedoch nicht, sich vor allem im Alter häufig kritisch zu den Trinksitten der Jenaer Studenten zu äußern.

Nicht nur die Gasthöfe Jenas lebten gut vom Durst der Studenten, das taten auch die Kneipen in den Dörfern um Jena, die von den verschiedenen Studentenverbindungen bevorzugt wurden. So tranken die Westfalen und Franken am liebsten in Wöllnitz, die Germanen in Ammerbach, die Thuringia und Saxonia in Lichtenhain. Bei den regelmäßigen Trinkgelagen bildeten sich feste Bräuche heraus. Wehe dem Studenten, der dagegen verstieß.

Für maßlose Trinkexzesse eignete sich das südlich von Jena liegende und erst 1913 nach dorthin eingemeindete Dorf Lichtenhain. Dort besaß jede der fast 50 Familien die Brau- und Schankgerechtigkeit, kein Gast des Dorfes mußte also Angst vor dem Verdursten haben. Ausschenken durfte jede Familie, bereitet wurde das Bier in einem zunächst der Kirche, ab 1844 der Gemeinde gehörendem Brauhaus. Das in Lichtenhain gebraute obergärige Weißbier mit einem Zusatz von Rauchmalz soll sehr süffig gewesen sein und wurde vorrangig aus den gleichfalls in Lichtenhain hergestellten hölzernen Trinkgefäßen zu einem Liter als „Kanne“, zu einem halben Liter als „Kännchen“ und zu einem viertel Liter als „Stübchen“ getrunken.

Besonders vorteilhaft für die Studenten war, daß Lichtenhain jahrhundertelang eine Exklave war, also nicht zu Sachsen-Weimar gehörte. Von 1608 bis 1826 war es altenburgisch, dann bis 1912 meiningisch. So galten hier andere Gesetze und Verordnungen als in der Universitätsstadt Jena. Und für die kleineren Verstöße war die Gemeinde ohnehin selbst verantwortlich. Meistens wurde ein Auge zugedrückt, ließen die Studenten doch in Lichtenhain manchen harten Taler.

Das waren zwei Vorteile, die Studenten und Bürger Jenas gleichermaßen nach Lichtenhain lockten, um für ein geringes Entgelt den Durst mit Bier löschen zu lassen.

Goethe erzählte oft von einem Jenaer Bürger, der fünfzig Jahre lang, von seinem 18. bis zu seinem 68. Lebensjahr täglich nach Lichtenhain ging, dort für 20 Kreuzer eine Kanne Bier trank und dazu einen Truthahn aß, das war eine Scheibe Brot mit einem Stangenkäse. Goethe hatte ausgerechnet, daß der Jenenser im Laufe der Jahre über 1200 sächsische Taler im Dorf gelassen hatte.

Goethe, der Zeit seines Lebens auch ein treuer Paladin seines Herzogs und Großherzogs von Sachsen-Weimar-Eisenach war, wandte sich heftig gegen die Eskalation der studentischen Trinksitten, die ihren Gipfel in der Gründung eines Bierstaates fand, des „souveränen Herzogtums Lichtenhain“. Ihm folgten weitere „Bierstaaten“ um Jena, mit denen sich die Studenten über die Kleinstaaterei lustig machten.

In diesen „Studentenstaaten“ wurde jeweils für ein Jahr ein „Regent“ gewählt, im Herzogtum Lichtenhain ein Herzog namens „Tus“. Goethe bedauerte, daß stets nur ein Student dieser Ehre für würdig befunden wurde, der an einem Tag wenigstens 32 Kännchen geleert hätte, 16 Liter Bier.

Auch im Hofstaat des „Herzogs“ seien die Würden nur nach den Biermengen verteilt worden, die der Kandidat vertilgen konnte. Zu diesem Hofstaat gehörten Großkehl, der Erzkanzler und Reichsherold; Bierus, der Saufgraf von Bamberg, Erzschatzmeister und Prinzenerzieher; Raugold, der Graf von Bierrüssel und Erztruchseß; Tieftrunk, der Graf von Biermord und Erzmundschenk; Graf Matto de la Madeira, Erzbischof und Abt des Damenstiftes Unserer lieben Frauen zu Vierzehnheiligen und Abt zur Heiligen Bonne in Ziegenhain. Letzterer hatte die „Fürsten“ zu krönen.

Goethe berichtete empört, daß sich der „Hofstaat“ nach der „Krönung“, unfähig, noch zu laufen, in langer Wagenreihe vier-, sechs-, ja sogar achtspännig zum Umzug nach Jena begab, um dann zurück nach Lichtenhain zu fahren, wo der „Herzog“ für ein Jahr seine Herrschaft als Obersäufer über Säufer antrat.

Die Vorstellung

Ein Student besuchte Goethe im Jenaer Schloß. Sie diskutierten engagiert, als ein älterer Herr unangemeldet eintrat und sich still auf einen Stuhl setzte. Der Student ließ sich dadurch in seiner Rede nicht stören.
Als das Thema erschöpft war und der Musensohn sich verabschieden wollte, lächelte Goethe: „Ach ja, ich muß die Herren ja noch miteinander bekannt machen: Herr Meier, Student, Seine Königliche Hoheit, der Großherzog von Sachsen-Weimar-Eisenach."

Studentenkommers und Ausfahrt der Studenten aus Jena, Federzeichnung von Rudolf Beck (1820/21).

Die ungeschickte Köchin

War Goethe in Jena, so kam er alle Vormittage gegen 11 Uhr zur Morgenvisite zu Frommanns am Graben, dem heutigen Fürstengraben.
Eines Tages wollte zu dieser Zeit die Frommannsche Köchin Henriette Hunger eine Holzbutte mit Wasser vom Brunnen im Hof in die Küche tragen. Goethe war gerade eingetroffen und wollte ihr freundlich die Tür aufhalten. Sie kam jedoch ins Straucheln, er wollte sie vor einem Sturz bewahren, bekam statt ihrer die Butte zu fassen und begoß sich mit dem Wasser.
Rasch kamen Frau Frommann und ihre Pflegetochter Minchen Herzlieb mit Tüchern, um Goethe unter Entschuldigungen zu trocknen. Das gelang bei einer solchen Wassermenge natürlich nur ungenügend, und so mußte der Dichterfürst zunächst in sein Quartier fahren, um sich umzuziehen.
Am nächsten Tag stand er wieder vor der Frommannschen Tür und lächelte die ihm öffnende Köchin an. Er hatte ihre Ungeschicklichkeit nicht übelgenommen, dazu achtete er Henriette Hunger und das von ihr bereitete Essen viel zu sehr.

Hunger war die beste Köchin

Als Goethes Gattin Christiane am 6. Juni 1816 in Weimar gestorben war, bemerkte Johanna Frommann, die Gattin des Jenaer Buchhändlers und Verlegers, nach einer kleinen Weile, daß ihr Tod bei Goethe auch im Essen eine große Lücke hinterlassen hatte.

Der Geheimrat war im Mai 1817 in das Inspektorhaus des benachbarten Botanischen Gartens gezogen, vertrug aber das Essen in den Jenaer Speisehäusern immer weniger. Ohne Rücksicht auf seine Aufgaben wollte er daher Jena so schnell wie möglich verlassen.

Johanna Frommann dagegen wollte ihn so lange wie möglich in Jena und als Gesellschafter und Freund in ihrem Haus halten. Sie überlegte und überzeugte in längeren Diskussionen ihre Köchin Henriette Hunger, zukünftig auch für Goethe das Mittagessen zu kochen. Es muß ihm wohl geschmeckt haben, und er dankte es ihr, wie sie es selbst 63 Jahre später in einem Brief berichtete:

„Göhte nahm sich gegen mich nicht als wäre ich Köchin, sondern als wäre ich mehr, wenn ich mit meinem Zettel kam, lag schon was Schönes da, anzusehn vor mich. Kurz ich kam mich vor, als gehörte ich der gelehrten Welt mit an. Gelegenheit hatte ich ja genug, große Männer zu sehn, ich sagte oft das Frommannsche Haus ist der Sitz der gelehrten Wissenschaft. Den alle großen Männer schienen sich im Hause wohlzufühlen."

Henriette Hunger kochte für Goethe ein halbes Jahr lang. Dann ging er nach Dornburg und sie verheiratete sich.

Goethe soll seinen Freunden begeistert berichtet haben, daß ihm in Jena Hunger die beste Köchin gewesen sei.

Platz für die Bibliothek

Herzog Carl August stellte Johann Wolfgang Goethe und seinem Ersten Minister Christian Gottlob von Voigt 1809 die Aufgabe, die Verwaltung der dem Sachsen-weimarischen Hof gehörenden wissenschaftlichen und künstlerischen Institutionen zu zentralisieren, zu erweitern und von der Repräsentation in die allgemeine Nutzung zu überführen. Dazu gehörten Sammlungen, Kabinette und Bibliotheken vor allem in Weimar und Jena.

Acht Jahre später begann Goethe mit der Neuordnung der Universitätsbibliothek in Jena, und es dauerte nochmals volle sieben Jahre, ehe er sein Werk abschließen konnte.

Der vom katholischen Kaiser Karl V. nach der Schlacht von Mühlberg gefangene, seiner Kurfürstenwürde und seiner Universität Wittenberg verlustig gegangene Johann Friedrich I. hatte die 3100 Bände seiner Bibliothek als Privatbesitz geltend machen können und seiner neuen Hochschule und spä-

Goethe auf einem Relief von Johann Gottfried Schadow (1816).

teren Universität in Jena geschenkt. Allerdings waren daraus im Laufe der Jahrhunderte etwa 100 000 Bücher geworden. Wertvolle wissenschaftliche Büchereien von Gelehrten waren durch Schenkungen und Ankauf dem Bestand einverleibt worden. Deshalb ging es auch nicht nur um die Systematisierung der Bibliothek, sondern auch um die Gewinnung des für die Aufstellung notwendigen Platzes.
Wie vorher in der herzoglichen war auch nach 1815 in der großherzoglichen Kasse kein Geld für einen Neubau vorhanden. Goethe mußte sich nach anderen Erweiterungsmöglichkeiten für die Bibliothek umsehen. Noch immer war sie im Collegium jenense untergebracht.
Es gab eine Chance, denn neben der Bibliothek befand sich ein großer leerer Saal, der sich dafür anbot, aber von den Medizinern ab und zu als Konferenzraum benutzt wurde. Goethes höfliche Bitte, ihm diesen Saal doch für die Bibliothek zur Verfügung zu stellen, wurde abgelehnt. Wie er sich dennoch durchsetzte, erzählte er Johann Peter Eckermann, der es für uns aufschrieb:
„Ich ließ also einen Maurer kommen und führte ihn in die Bibliothek vor die Wand des angrenzenden Saales. ‚Diese Mauer, mein Freund', sagte ich, ‚muß sehr dick sein, denn sie trennt zwei verschiedene Wohnungspartien. Versuchet doch einmal und prüfet, wie stark sie ist.' Der Maurer schritt zu Werke; und kaum hatte er fünf bis sechs herzhafte Schläge getan, als Kalk und Backsteine fielen und man durch die entstandene Öffnung schon einige ehrwürdige Porträts alter Perücken hindurchschimmern sah, womit man den Saal dekoriert hatte. ‚Fahret nur fort, mein Freund', sagte ich, ‚ich sehe noch nicht helle genug. Geniert euch nicht und tut ganz, als ob ihr zu Hause wäret.'
Diese freundliche Ermunterung wirkte auf den Maurer so belebend, daß die Öffnung bald groß genug ward, um vollkommen als Tür zu gelten; worauf denn meine Bibliotheksleute in den Saal drangen, jeder mit einem Arm voll Bücher, die sie als Zeichen der Besitzergreifung auf den Boden warfen ... Die Herren Mediziner, die bald darauf durch ihre gewohnte Tür in corpore in den Saal traten, waren ganz verblüfft und zogen sich stille wieder zurück."

Über dem rauschenden Brückenbogen

Bei seinen Aufenthalten in Jena logierte Goethe in unterschiedlichen Häusern, so im Schloß, das an der Stelle des heutigen Universitätshauptgebäudes stand, im Bischoffschen Haus in der Schloßgasse 9, im Inspektorhaus des Botanischen Gartens, der heutigen Goethe-Gedenkstätte am Fürstengraben, im Gasthaus „Zur Sonne" auf dem Markt und bei seinem „Urfreund" Carl Ludwig von Knebel in der Neugasse.

Ein Quartier mit besonders schöner Aussicht leistete er sich zwischen dem 3. Februar und 30. Juni 1818. Es war ein Erkerzimmer im Gasthof „Grüne Tanne" über der Saale, gleich hinter der Camsdorfer Brücke. Hier wurde drei Jahre vorher die Urburschenschaft gegründet.

Die „Grüne Tanne" nach der Rekonstruktion von 1994.

Wie er Minister Christian Gottlob von Voigt mitteilte, verbrachte er hier vor allem die sonnigen Stunden des Tages. Erst am 9. Mai bemerkte er im Tagebuch, daß er auch das erste Mal im Erkerzimmer geschlafen habe.

In einem Brief vom 16. Februar 1818 schrieb er begeistert an seinen Freund und musikalischen Berater, den Komponisten Carl Friedrich Zelter nach Berlin: „Du kennst Jena zu wenig, als daß es Dir etwas heißen sollte, wenn ich sage, daß ich auf dem rechten Saalufer, unmittelbar an der Camsdorfer Brükke, über dem durch die Bogen gewaltsam strömenden, eisbelasteten Wasser, eine Zinne (vulgo Erker) in Besitz genommen habe, die schon seit so vielen Jahren mich, meine Freunde und Nachkommenschaft gereizt hat, daselbst zu wohnen, ohne daß nur jemand sich die Mühe gegeben hätte, die Treppe hinauf zu steigen.Hier verweile ich nun die schönsten Stunden des Tags, den Fluß, die Brücke, Kies, Anger und Gärten und sodann das liebe närrische Nest, dahinter Hügel und Berge und die famosesten Schluchten und Schlachthöhen vor mir. Sehe bei heiterem Himmel die Sonne täglich etwas später und weiter nordwärts untergehen, wonach meine Rückkehr zur Stadt reguliert wird."

Und am 19. März 1818 ergänzt er an Zelter: „Ich stehe wieder auf meiner Zinne über dem rauschenden Brückenbogen, die tüchtigen Holzflöße, Stamm an Stamm, in zwei Gelenken, fahren mit Besonnenheit durch und glücklich hinab ..."

Zwei Tage vor der Aufgabe seines Quartiers, am 28. Juni 1818, berichtete er wiederum seinem Freunde Zelter: „Dieses alles schreibe ich dir unter einem bedeutenden Gewitter, welches, von Abend herüber, gerade auf meine Fenster strebt. Erst durch Stauberregungen, dann durch allgemeinen Regenguß, der den ganzen Himmel einnimmt, mehr als durch Blitz und Donner merkwürdig. Dies zu beobachten, ist meine Zinne herrlich gelegen, ich weiß nicht, wie ich diesen Überblick aufgeben will."

Weder stumm noch dumm

Eines Tages saß Goethe behaglich bei einer Flasche Wein im Jenaer Gasthof „Grüne Tanne“ hinter der Camsdorfer Brücke.

Nach seiner Gewohnheit verdünnte er den Wein mit Mineralwasser. Eine Gruppe angeheiterter Studenten hatte sich am Nebentisch niedergelassen, die Goethe nicht kannten und sich in ihren Reden über den „weinfälschenden Philister“ lustig machten.

Schließlich trat der Keckste von ihnen an Goethes Tisch und erklärte, daß es für einen Studenten sündhaft wäre, wenn er ansehen müsse, wie der edle Rebensaft, diese reine Bacchusgabe, mit Wasser verfälscht würde.

Das war dem Dichter und Minister denn doch zu bunt und er antwortete den erstaunten Musensöhnen mit folgenden improvisierten Reimen:

Wasser allein macht stumm,
Das beweisen im Teich die Fische.
Wein allein macht dumm,
Das beweisen die Herren am Tische.
Dieweil ich nun keines von beiden will sein,
Trink ich mit Wasser vermischt meinen Wein.

Die Camsdorfer Brücke in Jena, Federzeichnung von Goethe (1818).

Die Verwechslung

Häufig wurde Goethe wegen der Namensähnlichkeit mit dem Archidiakonus Friedrich August Koethe verwechselt, der von 1810 bis 1819 Professor der Theologie an der Jenaer Universität war.
So wurde er während eines Aufenthaltes im Jenaer Gasthof „Grüne Tanne" von einem jungen Pfarrer besucht, der ihm klagte, daß er bereits drei Jahre verlobt wäre, das Verlöbnis jetzt jedoch von seiner ungeduldigen Braut wieder gelöst würde, da ihm zum Heiraten eine feste Pfarrstelle fehle. Um eben diese Stelle bat er den vermeintlichen Archidiakonus. Goethe schmunzelte, stellte die Namensverwechslung richtig und erbot sich, ein entsprechendes Empfehlungsschreiben an Herrn von Koethe mitzugeben.
Ähnlich war es auch in einem anderen Falle, gleichfalls in der „Grünen Tanne".
Ein Theologiestudent besuchte Goethe schon am frühen Morgen und unterhielt sich mit ihm über alle möglichen Themen in der artigsten Weise. Beim Abschied sprach er endlich sein unkonventionelles Anliegen an. Seine Braut wolle ihn in Jena besuchen, und so bat er Goethe, ihm zu gestatten, am nächsten Sonntag statt seiner in der Stadtkirche St. Michael predigen zu dürfen. Goethe wies auf die Personenverwechslung hin und bedauerte, ihm bei der Lösung seines Problems nicht helfen zu können und bat seinerseits, er möge sich an den Archidiakonus Koethe wenden.

Da is was für uns

Nur wenige Menschen kannten Goethe so gut wie der Jenaer Verleger und Buchhändler Frommann. Um 1820 schildert er uns das Verhalten des großen Dichters gegenüber anderen Menschen:

„Zum Schlusse muß ich noch seine große Humanität gegen alle erwähnen, die in seinem Dienste standen oder bezahlte Hilfe leisteten, wie Handwerker, Künstler usw.

So ließ er sich von einem gescheuten Lehrlinge, der ihm die Korrekturbogen brachte, den Mechanismus des Satzes erklären und sah ängstlich darauf, wenn er Änderungen zu machen hatte, daß sie nicht mehr Raum einnahmen als das Gestrichne, um nicht mehr Mühe zu machen, als unbedingt nötig war. Denselben Lehrling ließ er nach Vollendung eines Werkes nach Weimar kommen, dort herumführen, die Merkwürdigkeiten zeigen und bewirten. Dafür hingen diese Leute aber auch mit solcher Verehrung und Liebe an ihm, daß sie für ihn durchs Feuer gegangen wären, seine Interessen ganz wie die ihrigen betrachteten.

Sein letzter Kutscher Barth, wenn er unter den geschlagenen Steinen an der Landstraße etwas Auffälliges bemerkte, hielt an, wendete sich zurück und sagte: ‚Herr Geheeme Rat, ich globe, da is was für uns!'"

Carl Friedrich Ernst Frommann, zeitgenössisches Porträt.

Schönheit lenkt ab

Auf einem Hausball bei Frommanns ging der alternde Goethe an einer sehr schönen Dame vorüber, ohne sie eines Blickes zu würdigen. Sie ließ das nicht durchgehen und sprach ihn ihrerseits an: „Liebste Exzellenz, nun habe ich gesehen, was von Ihrer Höflichkeit zu halten ist! Sie gingen an mir vorüber, ohne mich überhaupt anzusehen!"
Goethe entschuldigte sich galant mit einer Verbeugung: „Liebste Madame! Nur so konnte ich hoffen, mein Ziel zu erreichen. Hätte ich Sie angesehen, so wäre ich von vornherein nicht an Ihnen vorbeigekommen!"

Das Frommannsche Anwesen, Zeichnung von Wilhelmine Herzlieb (1818).

Auf dem lieblichen Blumen- und Pflanzenberg

Ein reiches Feld fruchtbarer Naturbeobachtung war für Goethe der Botanische Garten in Jena. Schon 1641 wurde das Gelände außerhalb der Stadtmauer von Herzog Wilhelm IV. als Botanischer Garten bestimmt und von Professor Schlegel zu einem solchen eingerichtet, weshalb er auch lange „Schlegelscher medizinischer Garten" genannt wurde. Zur Zeit des selbständigen Herzogtums Sachsen-Jena nutzte man ihn unter der Regierung von Herzog Bernhard als Küchen- und Lustgarten.

Nachdem er einhundert Jahre brach lag, wurde er endlich 1793 auf Anregung Goethes unter der Leitung des ersten Professors der Botanik August Batsch als Botanischer Garten wieder eingerichtet. Heute wachsen hier auf 4,5 Hektar rund 12 000 Pflanzenarten aus allen Klimazonen der Erde auf dem Freiland und in den Gewächshäusern.

Am 28. Mai 1817 verlegte der weimarische Staatsminister und Geheimrat den Sitz seiner Jenaer Amtsstube vom Schloß und Bischoff'schen Haus in das Gartenhaus des Botanischen Gartens am Graben, dem heutigen Fürstengraben. Welch Gewinn in der Weite des Blickes im Sonnenglanz von früh bis spät, aber auch welch Verlust an Annehmlichkeiten und Repräsentation! Goethe sah das allerdings anders. „Aller Komfort entspringt nur aus der Seele des Bewohners!" sagte er über seine neue Behausung, in der er jedenfalls immer die Stimmung für seine poetischen Arbeiten fand und den zweiten Teil seiner „Italienischen Reise" schrieb.

Dagegen beschrieb uns der Staatsrat Dr. Vollert um 1820 das Domizil als geradezu armselig: „Es ist die unscheinbarste morsche Schinderhütte, welche dadurch nicht an Annehmlichkeit gewann, daß das Erdgeschoß einen Kuhstall, eine Waschküche und Gelasse zur Aufbewahrung von Ackergeräten und landwirtschaftlichen Vorräten enthielt. Er suchte dem Raum, der durch einen riesigen, altväterlichen Ofen mit der Jahreszahl 1681 geziert war, durch Aufhängen von Bildern und Landkarten, später auch durch Tapezieren ein freundliches Aussehen zu verleihen. In dieser Einsiedelei, ‚dieser lieblichen Klausur auf dem Blumen- und Pflanzenberge‘ hat Goethe zwischen 1817 und 1830 zusammen über 300 Tage gehaust und eine Fülle wissenschaftlicher und literarischer Arbeit geleistet ... Zuweilen glich das Eckzimmer mit der Unordnung der aufgeschichteten, endlos fortgehefteten Oberaufsichtsakten, verschimmelten Pergamenten, Mappen, Zeichnungen, Steinkisten, Skelett-Teilen, darunter zwei Totenköpfen, die der Sekretär John für anatomische Untersuchungen auf dem nahen Friedhofe hatte ausgraben müssen, Faust's Studiergewölbe."

Und im gleichen Jahr unterstützte der Arzt Konstantin Ernst von Weltzien diesen bedrückenden Eindruck:

„Goethes Wohnung in Jena, am Botanischen Garten gelegen, ist nichts weniger als hübsch sondern sieht sehr schofelig von außen aus ... Goethe hält sich gewöhnlich in einem Zimmer eine Treppe hoch auf, welches blau gestrichen und mit vielen Kupferstichen behängt ist. Im Zimmer selbst sieht es sehr liederlich aus: alle Tische und Fenster liegen voll Kalender, Bücher ... Obgleich es noch früh war und Goethe vormittags nie ausgehen soll, so fand ich ihn doch ganz in Gala in seinem Zimmer allein auf- und niedergehen ... Ich kann nicht begreifen, wie ein Mann in seinem Alter sich zu Hause solchen Zwang antut. Sein Gesicht hat ... einen außerordentlichen Ausdruck ...: nichts von Arroganz, nichts von Menschenverachtung, sondern etwas Unnennbares, wie es Männern eigen zu sein pflegt, die durch vielfältige Erfahrungen und Schicksale und gleichsam im Kampf durch das Leben gegangen sind ..."

Fünf Jahre später war das alte Gartenhaus wegen Baufälligkeit endlich abgerissen und der Hofmaurermeister Christian Lorentz Moritz Timler errichtete den Rohbau eines Inspektorhauses des Botanischen Gartens an der gleichen Stelle. Es war ihm nicht vergönnt, die Innenausstattung fertigzustellen. Der Tod riß ihn im Juni 1826 mitten aus seinem fleißigen Schaffen.

Goethe bewohnte noch oft dieses Inspektorhaus, das seit August 1922 die bescheidene Goethegedenkstätte der Stadt

Jena beherbergt, verwaltet von der Friedrich-Schiller-Universität und aus Geldmangel oft geschlossen.
An seiner Hauptfassade wurde die Datumsleiste „III. Sept. MDCCCXXV“ nachträglich angebracht. Es ist keinesfalls das Datum der Eröffnung des Inspektorhauses, sondern des 50. Dienstjubiläums des Großherzogs Carl August von Sachsen-Weimar-Eisenach und wurde nachträglich angebracht.

Das Inspektorhaus am Botanischen Garten, in dessen Erdgeschoß sich heute ein kleines Goethe-Museum befindet.

Das erste Denkmal

Das weltälteste öffentliche Denkmal für Goethe erhebt sich seit 1821 übermannshoch im Garten des Jenaer Prinzessinnenschlößchens gleich hinter dem Planetarium. Die russische Zarentochter und Erbgroßherzogin Maria Pawlowna, Schwiegertochter des Großherzogs Carl August von Sachsen-Weimar-Eisenach, hatte den Direktor der Weimarer Zeichenschule und Goethes Freund Johann Heinrich Meyer mit dem Entwurf beauftragt. Und der schuf ein schlichtes klassisches Monument.
Ein gußeiserner Pyramidenstumpf mit Goetheversen erhebt sich über einem dreiseitigen, leicht geschwungenen Steinsockel. Die drei Verse rufen dazu auf, das menschliche Glück in freudigem Tätigsein zu finden:

Zierlich Denken
...und süß Erinnern
Ist das Leben
...im tiefsten Innern.

Wem wohl das Glück
die schönste Palme baut?
Wer freudig tut,
sich des Getanen freut.

Irrtum verläßt uns nie,
doch ziehet ein höher Bedürfnis
Immer den strebenden Geist
leise zur Wahrheit hinan.

Steinsockel und Pyramidenstumpf sind gekrönt durch einen, seine Schwingen ausbreitenden gußeisernen Adler, den heiligen Vogel des Jupiter.
Das Denkmal war der Dank an Goethe für seinen Anteil an der Erziehung und Bildung der Töchter Maria Pawlownas, Maria und Augusta. Vor allem die spätere preußische Köni-

gin und deutsche Kaiserin Augusta hatte es Goethe angetan: „Sie verbindet frauenzimmerliche und prinzeßliche Eigenschaften auf eine so vollkommene Weise, daß man wirklich in Verwunderung gerät und ein gemischtes Gefühl von Hochachtung und Neigung in uns entsteht."
Das Denkmal wurde aus Unwissenheit in den 60er Jahren unseres Jahrhunderts zerstört. Wir bewundern heute eine originalgetreue Rekonstruktion aus dem Jahre 1974.

Augusta, Prinzessin von Sachsen-Weimar-Eisenach, Stahlstich (undatiert).
– Die spätere Gemahlin Kaiser Wilhelms I. wurde von Goethe im ehemaligen Griesbachschen Gartenhaus erzogen.

Das Goethe-Denkmal im Prinzessinnen-Garten.

Was wir lieben

Bei Frommanns tagte wieder einmal eine große Gesellschaft. Die Herren hatten sich um den großen Tisch versammelt und scherzten vor allem über die Frauen und über die Liebe. So gestand bald einer der jungen Gäste, er habe sich fast in ein sehr hübsches Jenaer Mädchen verliebt, aber sie habe leider nicht viel Verstand.
Lachend entgegnete der vierundsiebzigjährige Goethe, wohl auch aus eigener Erfahrung sprechend: „Als ob die Liebe etwas mit dem Verstand zu tun hätte! Wir lieben doch an einem jungen Frauenzimmer ganz andere Dinge als den Verstand! Wir lieben an ihr das Schöne, das Jugendliche, das Neckische, das Zutrauliche, den Charakter, ihre Fehler, ihre Kapricen und Gott weiß was alles Unaussprechliche sonst. Aber wir lieben nicht ihren Verstand! Ihren Verstand achten wir, wenn er glänzend ist, und ein Mädchen kann dadurch in unseren Augen unendlich an Wert gewinnen. Auch mag der Verstand gut sein, uns zu fesseln, wenn wir bereits lieben. Allein der Verstand ist nicht dasjenige, was fähig wäre, uns zu entzünden und eine Leidenschaft zu erwecken."

Er macht Värsche

Goethe hatte den Schweizer Maler und Kunsthistoriker Johann Heinrich Meyer 1786 in Rom kennengelernt. Er befreundete sich mit ihm und holte ihn 1791 nach Weimar, wo er ihn bis 1802 in sein Haus aufnahm. 1795 wurde er als Professor, 1807 als Direktor der herzoglichen Zeichenschule in Weimar berufen. Daher rührte sein Spitzname „Kunscht-Meyer".

Meyer war Johann Wolfgang von Goethe ein treuer Freund, vielleicht manchmal ein wenig wortkarg. Fuhren die beiden aus, so beschränkte sich ihre Unterhaltung auf das Notwendigste. So soll Goethe von Zeit zu Zeit ein „Hm, hm" zwischen den Zähnen herausgepreßt haben, woraufhin Meyer echote: „So ischt's."

Goethe hatte 1827 wieder einmal in Jena zu tun und wohnte im neu errichtetem Inspektorhaus des Botanischen Gartens. Hin und wieder trank er ein Glas Wein über den Durst, bei diesem Jenaer Aufenthalt getreulich behütet und gegen Fremde abgeschirmt durch seinen Freund Meyer.

Als es klopfte und ein Fremder seinen Kopf schon zur Tür hereingesteckt hatte, stellte sich ihm Meyer mit ausgebreiteten Armen in den Weg und fuhr ihn mit seinem Schweizer Dialekt an: „Se könne dän Geheimrat nich spräche, der Geheimrat macht Värsche!"

Der Puff im Gedränge

Ein bekannter Maler seiner Zeit hatte Goethe bei einem Besuch in Jena ein Bild verehrt, für das sich der Geheimrat erkenntlich zeigen wollte. Geld sollte er nicht erhalten, und so fragte er den Künstler, ob er für sein Geschenk einen Titel oder lieber einen Orden haben wolle. Der Maler gestand, daß er sich eigentlich aus beiden nichts machen würde. Goethe schüttelte sanft den Kopf: „Da haben Sie aber unrecht! Im großen Gedränge halten Titel und Orden manchen Puff ab!“

Man wird älter

Der alternde Goethe diskutierte eines Tages im Freundeskreis bei Frommanns: „Meine Sachen werden mir manchmal regelrecht fremd. Neulich las ich einen bestimmten Absatz in einem französischen Artikel und dachte so bei mir: Das ist aber mal ein kluger Autor! Besser hättest du das auch nicht sagen können! Und dann sehe ich genauer hin, da ist es eine übersetzte Stelle aus meinen eigenen Schriften."

Johann Wolfgang von Goethe, Kreidezeichnung von Ferdinand Jagemann (1817).

Sekretär und Dichter berichten

Goethes Helfer bei der Herausgabe seiner „Vollständigen Ausgabe letzter Hand", Johann Peter Eckermann, der ja auch vom Schreiben gelebt hatte, berichtete am 8. Oktober 1827 über einen schönen Tag in Burgau, einem sechs Kilometer südlich von Jena liegendem Dorf, das jetzt in die Universitätsstadt eingemeindet ist:
„Es war indes Mittag geworden. Wir saßen wieder im Wagen. ‚Ich dächte', sagte Goethe, ‚wir führen nicht zu Tisch nach dem Bären, sondern genössen den herrlichen Tag im Freien in Burgau.'

Goethes Sekretär Johann Peter Eckermann, Bleistiftzeichnung von Joseph Schmeller (1828).

Wir taten so, und es war gar herrlich. Wir fuhren an den Ufern der Saale hinauf, an Gebüschen und Krümmungen vorbei, den anmutigsten Weg, wie ich ihn vorhin aus Schillers Mansarde gesehen. Wir waren sehr bald in Burgau. Wir stiegen in dem kleinen Gasthofe ab, nahe am Fluß und an der Brücke, wo es hinüber nach Lobeda geht, welches Städtchen wir über Wiesen hin nahe vor Augen hatten. In dem kleinen Gasthofe war es so, wie Goethe gesagt: die Wirtin entschuldigte, daß sie auf nichts eingerichtet sei, daß es uns aber an einer Suppe und an gutem Fisch nicht fehlen solle. Wir promenierten indes im Sonnenschein auf der Brücke hin und her und freuten uns des Flusses, der durch Flößer belebt war, die auf zusammengebundenen fichtenen Bohlen von Zeit zu Zeit unter der Brücke hinglitten und bei ihrem mühsamen nassen Geschäft überaus heiter und laut waren. Wir aßen unseren Fisch im Freien und blieben sodann noch bei einer Flasche Wein sitzen und hatten allerlei gute Unterhaltung."

Kurz und nüchtern beschrieb Goethe den gleichen Tag in seinem Tagebuch: „Wir fuhren nach Burgau, speisten Fische und sonst weniges. Sahen einiges an Wasserbauten. Ferner bei sehr niedrigem Wasser Flößer mit Gefahr und Mühe das Wehr herabkommen."

Die 500 Jahre alte Burgauer Brücke, auf der Goethe spazieren ging, ist seit dem letzten Krieg eine Ruine. Kürzlich wurde mit dem Wiederaufbau begonnen.

Liebeserklärung an Dornburg

Zwischen 1776 und 1831 weilte Goethe über zwanzigmal in Dornburg, dem anmutigen Städtchen über der Saale, nur etwa zehn Kilometer nördlich von Jena. Während seines ganzen Lebens in Weimar kam er immer wieder hier her, in größeren und in kleineren Abständen und bei unterschiedlicher Dauer, im Rokokoschlößchen oder ab 1828 im vier Jahre vorher vom Großherzog erworbenen Renaissanceschloß wohnend.

Mit seinem bekannten starken Strich zeichnete er bereits 1776 die drei Gebäude auf steilem Berg für Charlotte von Stein und versah die Handzeichnung mit seiner Beichte:

Ich bin eben nirgend geborgen;
fern an die holde Saale hier
verfolgen mich manche Sorgen
und meine Liebe zu Dir!

Er liebte die ihn im Schloßgarten umgebenden Rosen, die im Sommer so betörend dufteten, er liebte den reizvollen Blick ins Saaletal bis hinauf nach Jena. Manche schöne Erinnerung knüpfte sich für ihn an diesen Ort mit dem „heiteren Lustschloß“. Hier war es für ihn „schön, offen und ruhig“, hier fand er die stille Einsamkeit, in der er sich immer am stärksten fühlte.

Die stimmungsvolle Landschaft inspirierte ihn zu vielfältiger Tätigkeit. Hier arbeitete er an der Iphigenie, am Egmont und Wilhelm Meister, an seinen Dornburger Gedichten, aber auch an naturwissenschaftlichen und historischen Studien.

Hier rang er nach Fassung, fand aber auch Trost, als am 14. Juni 1828 im fernen Graditz bei Torgau auf einer Reise von Berlin der Mann starb, der ihm wohl sein ganzes Leben am nächsten gestanden hatte: Großherzog Carl August von Sachsen-Weimar-Eisenach. Nach Dornburg floh er vor den Trauerfeierlichkeiten.

Es war Goethes längster Aufenthalt, vom 7. Juli bis zum 11. September 1828. Dabei fand er zur poetischen Arbeit zurück.
Seine Liebeserklärung an Dornburg übermittelte er am 10. Juli 1828 einem seiner wenigen Duzfreunde, dem Komponisten Karl Friedrich Zelter: „Ich weiß nicht, ob Dornburg Dir bekannt ist; es ist ein Städtchen auf der Höhe im Saaltal unter Jena, vor welchem eine Reihe von Schlössern und Schlößchen geradezu am Absturz des Kalkflözgebirges zu den verschiedendsten Zeiten erbaut ist; anmutige Gärten ziehen sich an Lusthäusern her; ich bewohne das alte unaufgeputzte Schlößchen am südlichsten Ende. Die Aussicht ist herrlich und fröhlich, die Blumen blühen in den wohl unterhaltenen Gärten, die Traubengeländer sind reichlich behangen, und unter meinem Fenster seh ich einen wohlgediehenen Weinberg ..."

Das Dornburger Renaissance-Schloß, wo Goethe nach dem Tod des Großherzogs Carl August vom 7. Juli bis 11. September 1828 wohnte.

Der normale Tagesablauf

Wie lebte unser größter deutscher Dichter, der Naturwissenschaftler und Staatsmann Johann Wolfgang von Goethe, wie verbrachte er seinen Tag? Eine Schilderung seines Tagesablaufes in Dornburg vom August 1828 verdanken wir Karl August Christian Sckell, der seit 1823 den alten Dornburger Hofgärtner Justus Wilhelm Grosse unterstützte und ab 1846 hier selbst Hofgärtner wurde:
„In der Regel verließ Goethe um 6 Uhr das Bett und genoß sofort Kaffee. Schon um 7 Uhr beschied er seinen Sekretär zu sich und diktierte diesem bis um 8, auch halb 9 Uhr. Darauf ging er auf den Terrassen oder im Garten bis halb 10 Uhr spazieren, nahm nun das Frühstück ein und diktierte darauf von Neuem oder begab sich wieder in den Garten, wenn er nicht schon zeitig durch Fremdenbesuch behindert wurde. Um 11 Uhr stellte sich dann in der Regel jeden Tag Besuch ein, welcher bei ihm speiste. Die Tafel begann gewöhnlich um halb 2 Uhr und dauerte bis 4 Uhr. Dann reisten die Fremden sofort ab und Goethe begab sich wieder in den Garten, blieb dort bis halb 6 Uhr, aß darauf stets eine Franzsemmel und trank – die acht Tage ausgenommen, an denen er Dorn-

dorfer Rotwein genoß – ein Viertel Moselwein. Von da blieb er auf seinem Zimmer oder ging bei schöner Witterung wiederholt einige Male im Garten auf und ab. Sitzend habe ich ihn dort nie angetroffen.

Abends beschäftigte er sich mit dem Lesen eingegangener oder mit dem Unterschreiben von ihm diktierter Briefe. An Zeitungslektüre schien er wenig Gefallen zu finden. Um 9 oder halb 10 Uhr ging er zu Bett.

Da mir gestattet war, zu jeder Zeit sein Zimmer zu betreten, ohne angemeldet zu sein, so ist es mir vergönnt gewesen, ihn auch hier beobachten zu können:

Er legte sich auf den Rücken, die Hände außerhalb der Bettdecke auf der Brust wie zum Gebet gefaltet, den Blick nach oben gerichtet. Früh waren die Hände noch in ihrer ursprünglichen Situation, sein erster Blick war nach oben gerichtet. Sein Schlaf mußte tief und süß sein, denn das Lager zeigte keine Spuren von Unruhe.

Er lebte sehr mäßig und nach einer bestimmten vorgezeichneten Ordnung; daher kam es wohl auch, daß er sich während seines Aufenthaltes in Dornburg nie unwohl fühlte.

Im Genusse des Weins war er sehr mäßig, denn bei der Mittagstafel wurden, außer einem guten Tischwein, selbst bei acht bis vierzehn Gästen höchstens zwei Flaschen Champagner getrunken.

Vorzugsweise liebte er unter den Speisen Kompotts aus Birnen, Kirschen und Himbeeren. Außer den von ihm selbst bereiteten Salaten aus Artischoken, die er nebst Provenceöl aus Frankfurt a. M. hatte kommen lassen, genoß er keine Salate; auch Milchspeisen waren nicht nach seinem Geschmack."

Goethe liebte Hausmannskost

Während seines zehnwöchigen Aufenthaltes 1828 in Dornburg behagte dem indessen 79jährigen Goethe zunächst das Essen nicht. Sckell jun. berichtete darüber in seiner kleinen Schrift „Gesehenes, Gehörtes und Erlebtes“:
„Am Morgen nach der Ankunft Goethes erhielt er wie an den folgenden Tagen den Kaffee früh 6 Uhr aus meiner Küche; das Frühstück wurde um 10 Uhr, das Mittagessen um 1 Uhr aus dem Ratskeller geholt. Beides behagte ihm nicht.
Bald stellte sich daher der Sekretär John wieder bei mir ein, um mir die Not zu klagen. Ich machte den Vorschlag, das Essen in dem Gasthaus 'Zum Schieferhof' in dem eine Viertelstunde entfernten, am Fuße Dornburgs gelegenem Dorfe Naschhausen (heute linkssaalischer Ortsteil von Dorndorf-Steudnitz) zu bestellen. Man ging auf meinen Vorschlag ein; aber auch hier war Goethe nicht zufrieden. Beim Mittagessen am folgenden Tag äußerte er gegen seinen Bediensteten: bei dieser Kost könne er nicht bestehen; der Kaffee sei zwar sehr gut, aber davon allein könne er nicht existieren.
Er trug nun John auf, nochmals Rücksprache mit mir zu nehmen und mir zu sagen, der Hofmarschall von Spiegel habe ihm gesagt, daß er sich wegen der Beköstigung nur an mich wenden möge. Wolle ich dieselbe aber durchaus nicht übernehmen, so sehe er sich genötigt, am anderen Tag wieder von Dornburg abzureisen. Der Sekretär stellte mir das Unangenehme der Situation Goethes so lebhaft vor und drang so sehr in mich, außer Goethe doch auch ihn, den Bedienten und den Kutscher mit an den Tisch zu nehmen, daß ich mich endlich nach vielem Sträuben dazu bereit erklärte ...
Ich sandte nun Boten auf die umliegenden Dörfer nach Geflügel, Fischen und Aalen, nach Tautenburg an den Leibjäger Ciliax nach Wildbret aus. Meine Küche war bald bestellt, um die Zubereitung der Speise durch meine Frau durfte ich ohne Sorge sein.
Schon nach dem ersten Frühstück äußerte Goethe gegen seinen Bedienten: 'Das ist ein guter Anfang!' Und bei dem aus

fünf Gängen bestehendem Mittagessen: 'Das lasse ich mir gefallen! Sage Sckell, er solle so fortfahren!' Nach Tische kam Goethe selbst zu mir, klopfte mich auf die Achsel und sagte: 'Fahren Sie so fort, guter Freund! Auf diese Weise werden Sie mich aber so bald nicht loswerden'."

Goethe nach einer verschollenen Zeichnung von Joseph Schmeller (1826).

Kinderliebe

Während seines Aufenthaltes auf den Dornburger Schlössern im Sommer 1828 bewies Goethe einmal mehr seine Kinderliebe, worüber uns der damalige Helfer des Hofgärtners und Schloßverwalters Karl August Christian Sckell berichtete:

„Eines Tages begleitete er einen Fremden, welcher ihn besucht hatte, beim Weggang durch den Schloßgarten. Als beide an einem Rasenplatz vorübergingen, lag dort ein kleiner hübscher Knabe auf dem Rücken, die Hände auf der Brust wie zum Gebet gefaltet, in süßem Schlummer. Der Fremde bemerkte den kleinen Schläfer zuerst und machte Goethe auf ihn aufmerksam. ‚Wir wollen ihn nicht in seiner Ruhe stören, denn solchen Kindern ist das Reich Gottes', versetzte Goethe. Kurze Zeit darauf kam er dem selben Weg allein zurück, betrachtete den Kleinen, blickte gen Himmel, griff dann in die Westentasche, nahm ein Geldstück heraus und steckte es ihm, sich über ihn neigend, in die gefalteten Hände."

Pate der Zeiss-Werke

Im Jahre 1829 unternahm der Jenaer Chemie-Professor Johann Wolfgang Döbereiner Versuche, Gläser mit besseren optischen Eigenschaften durch den Zusatz von Barium und Strontium und die gezielte Veränderung ihrer chemischen Zusammensetzung zu erschmelzen. Proben dieser neuen Gläser sandte er an Goethe, der daraufhin am 28. März 1829 an Döbereiner schrieb:

„Euer Hochwohlgeboren haben durch die übersandten Pröbchen von Strontianglas bei mir den Wunsch erregt, etwas zur weiteren Förderung dieser schönen Entdeckung beizutragen. Das Wichtigste hierbei wäre, das Verhältnis des Brechungs- und Zerstreuungsvermögens auch bei diesen Gläsern zu ermitteln. Sollten Sie nicht abgeneigt sein, den Hofmechanikus Körner bei Versuchen dieser Art durch gefällige Anleitung zu unterstützen, so würde ich gern hierzu den erforderlichen mäßigen Aufwand zu tragen geneigt sein, um mich des Resultats auch in meinen Ansichten zu erfreuen."

Der genannte Hofmechanikus Friedrich Körner war von Goethe selbst nach Weimar berufen und von ihm auch mit optischen Studien beauftragt worden. Es war der nämliche Körner, bei dem Carl Zeiß fünf Jahre später den Mechanikerberuf erlernte, bevor er nach siebenjähriger Wanderschaft 1846 die später weltbekannten Zeiss-Werke in Jena gründete.

Was wäre wohl aus ihm geworden, hätte er nicht die auch von Goethe unterstützte gediegene Ausbildung bei seinem Lehrherrn Friedrich Körner genossen?

Letzter Aufenthalt in Jena

Als man den 1821 zum Hofgärtner des Jenaer Botanischen Gartens ernannten Franz Baumann später dort im alten Gärtnerhaus unterbringen wollte, meldete Goethe im Dezember 1825 nach Weimar, daß das Gebäude nur noch abbruchreif sei, obwohl er selbst ja vor kurzem darin gehaust hatte. Der Abbruch wurde rasch genehmigt und durchgeführt. Anstelle des Gärtnerhauses entstand das Inspektorhaus des Botanischen Gartens am Fürstengraben.
Nach den Tagebucheintragungen besichtigte Goethe den Neubau am 7. Oktober 1827 und am 7. Juli 1828 auf der Fahrt nach Dornburg, seiner Flucht vor den Beisetzungsfeierlichkeiten für den verstorbenen Freund Carl August.
Das erste und gleichzeitig letzte Mal nächtigte er vom 19. zum 20. Juni 1830 im Erkerzimmer, lobte die inzwischen unter Leitung seines Sohnes, des Kammerrates August von Goethe, angelegte Terrasse „zunächst des Hauses" und fand auch sonst „alles in bester Ordnung". Nur an den Wegen des Gartens, den er mit Baumann beging, „war noch einiges zu tun". Am 20. Juni stand er früh auf, „überdachte die Jenaer Angelegenheiten" und gab dem Bibliothekar Weller noch mehrere Aufträge für den Garten. Am Nachmittag gegen vier Uhr fuhr er nach Weimar zurück, einem schweren Gewitter entgegen. Sein Weg führte ihn im Leben nie wieder die Mühltalstraße hinauf oder hinunter.

Johann Wolfgang von Goethe vor dem Golf von Neapel, Ölgemälde von Heinrich Kolbe (1826). – Das berühmte Bild befindet sich seit 1831 im Besitz der Universität Jena. Heute ziert es die Rosensäle am Fürstengraben.

Lebensdaten

1749
Johann Wolfgang Goethe kommt am 28. August in der Freien Reichsstadt Frankfurt am Main als Sohn des Kaiserlichen Rates ohne Amt Johann Caspar Goethe und der zwanzig Jahre jüngeren Schultheißentochter Katharina Elisabeth Goethe geb. Textor zur Welt.

1750
Geburt der Schwester Cornelia; vier weitere Geschwister sterben im Kindesalter.

1752/55
Besuch einer Spielschule, anschließend Unterricht beim Vater; frühe Sprachausbildung: seit 1756 Latein und Griechisch, seit 1758 Französisch, seit 1760 Italienisch, seit 1762 Englisch.

1756
Einquartierung eines französischen Generals während des Siebenjährigen Krieges im Elternhaus.

1765/68
Studium der Rechte nach den Plänen des Vaters an der Universität Leipzig; Zeichenunterricht bei Adam Friedrich Oeser; Liebe zur Gastwirtstochter Katharina Schönkopf, ihr gelten die ersten literarischen Versuche (Liedersammlung „Anette"); nach einem Blutsturz Rückkehr ins Elternhaus und Beschäftigung mit pietistischen Schriften.

1769
Erholung im Elternhaus, doch Rückfälle in eine schwere Erkrankung.

1770/71
Fortsetzung des Jurastudiums an der Universität Straßburg; Promotion zum Lizentiaten der Rechte (Thema der Dissertation: „Die Legislatoribus – über Recht und Pflicht des Staates, den Kultus der Kirchen zu bestimmen, um die persönliche Religionsfreiheit zu wahren"); in Straßburg erste Begegnung mit dem Theologen Johann Gottfried Herder und dem Dichter Jakob Michael Reinhold Lenz; Liebe zu der Pastorentochter Friederike Brion im elsässischen Sesenheim; Beschäftigung mit dem Volkslied und Entstehung liedhafter Gedichte („Heidenröslein", „Willkommen und Abschied").

1771/75
Anwaltspraxis in Frankfurt am Main; Entstehung des Schauspiels „Götz

von Berlichingen", damit erster Erfolg auf dem Theater; andere Dramen bleiben jedoch unvollendet.

1772
Mai bis September Praktikant am Reichskammergericht in Wetzlar; Liebe zu der Amtmannstochter Charlotte Buff; der bald darauf niedergeschriebene und auf diese Zeit zurückgehende Briefroman „Die Leiden des jungen Werthers" wird ein Bestseller, in der Folgezeit wird das Buch in alle wichtigen Sprachen übersetzt und der Autor europaweit bekannt; bald Beginn der Arbeit an der „Faust"-Tragödie, die er erst kurz vor seinem Tod abschließt.

1775
Verlobung mit der Bankierstochter Lili Schönemann; Flucht vor einer festen Bindung in die Schweiz; der junge Herzog Carl August von Sachsen-Weimar-Eisenach lädt den nunmehr schon berühmten Dichter an seinen Hof ein; Goethe trifft dort am 7. November ein.

1776
Herder wird durch Goethes Vorschlag Generalsuperintendent von Weimar; am 21. April schenkt ihm der Herzog das Gartenhaus an der Ilm, Goethes ersten festen Wohnsitz in Weimar; am 11. Juni tritt Goethe in den weimarischen Staatsdienst ein und wird Geheimer Legationsrat mit Sitz und Stimme im Geheimen Consilium, der obersten Staatsbehörde; Liebe zu der Hofdame Charlotte von Stein, der Ehefrau des herzoglichen Oberstallmeisters; Besuche auf dem Steinschen Gut in Großkochberg.

1777
Übernahme der Kommission zum Wiederaufbau des Ilmenauer Bergbaus; häufige Aufenthalte in Ilmenau und im Thüringer Wald („Über allen Gipfeln ist Ruh"); im November und Dezember erste Harzreise.

1778
Als Begleiter des Herzogs in Berlin und Potsdam; im September erster größerer Aufenthalt in Jena.

1779
Übernahme der Kriegs- und Wegebaukommission; Ernennung zum Geheimen Rat im Rang eines Ministers; das Schauspiel „Iphigenie auf Tauris" entsteht.

1780
Zunehmende Resignation in einem unabänderlichen Ministeralltag; die meisten künstlerischen Vorhaben können nicht umgesetzt werden; Besuch von Vorlesungen in Jena; Zusammenarbeit mit dem Jenaer Anatomen Justus Christian Loder.

1781
Gründung einer chemischen Professur an der Universität Jena.

1782
Erhebung in den Adelsstand; Mieter im Haus am Weimarer Frauenplan; für das Singspiel „Die Fischerin“ entsteht die Ballade „Erlkönig“.

1784
Übernahme der Ilmenauer Steuerkommission; Entdeckung des Zwischenkieferknochens beim Menschen im Jenaer Anatomieturm; Überwachung von Schutzmaßnahmen gegen die Saaleüberschwemmungen in Jena.

1785
Erste Kur in Karlsbad; als Geheimsekretär des Herzogs unterwegs an verschiedenen Thüringer Höfen zu Verhandlungen über einen Bund der kleinen deutschen Fürstentümer als dritte Kraft gegen Preußen und Bayern.

1786
Neuordnung des Steuerwesens in Ilmenau; Gründung einer Professur für Botanik an der Universität Jena; am 3. September heimliche Abreise aus Karlsbad nach Italien; Aufenthalt vor allem in Rom, Reisen aber auch durch das Land bis nach Sizilien; mit dieser „Flucht“ einher geht die Niederlegung aller seiner Tätigkeiten im weimarischen Staatsdienst, doch hinterläßt er geordnete Verhältnisse und korrespondiert auch aus der Fremde zu dienstlichen Angelegenheiten; Studium des italienischen Volkslebens („Römisches Karneval“); Wiederaufnahme der Arbeiten an den Schauspielen „Iphigenie auf Tauris“, „Egmont“ und „Torquato Tasso“; Wiedergeburt als Dichter.

1788
Am 18. Juni Rückkehr nach Weimar; Wiedereinsetzung in einige Ämter, doch Entlastung von allen behördlichen Routineaufgaben, er widmet sich von nun an vor allem den Angelegenheiten von Wissenschaft und Kunst; Zerwürfnis mit Charlotte von Stein; im Juli Begegnung mit Christiane Vulpius und Beginn der Lebensgemeinschaft mit ihr; erste, doch noch folgenlose Begegnung mit Friedrich Schiller, dessen Berufung an die Universität Jena er aber 1789 unterstützt.

1789
Oberaufsicht über das „Freie Zeicheninstitut“ und Leitung der Schloßbaukommission; am 25. Dezember Geburt seines einzigen Sohnes August; Veröffentlichung der „Römischen Elegien“.

1790
Zweite Reise nach Italien zur Abholung der Herzoginmutter Anna Amalia aus Venedig; mit dem Herzog im Feldlager in Schlesien und Polen; naturwissenschaftliche Studien zur Anatomie, Botanik und Optik; Erstellung der ersten Werkausgabe.

1791
Übernahme der Wasserbaukommission; Versuche zur Farbenlehre gegen Newtons Lichtzerlegung; Gründung der „Freitagsgesellschaft" zur geselligen Verständigung über Wissenschaft und Kultur; Eröffnung des Hoftheaters unter Goethes Leitung.

1792
Der Herzog schenkt Goethe das Haus am Frauenplan; Teilnahme am Feldzug gegen das revolutionäre Frankreich, er erlebt die Kanonade von Valmy.

1793
Neugründung des Botanischen Gartens in Jena.

1794
Oberaufsicht in verschiedenen wissenschaftlichen und künstlerischen Anstalten; am 20. oder 21. Juli Begegnung mit Schiller in Jena, Beginn einer einzigartigen Dichterfreundschaft („Bund des Ernstes und der Liebe").

1795
Mitarbeit an Schillers Zeitschrift „Die Horen"; der Bildungsroman „Wilhelm Meisters Lehrjahre" erscheint.

1796
Hält sich insgesamt fast fünf Monate in Jena auf.

1797
In enger Verbundenheit mit Schiller entstehen viele Balladen (u. a. „Der Zauberlehrling"); dritte Reise in die Schweiz.

1802
Beginn der Freundschaft mit dem Berliner Karl Friedrich Zelter; Begegnung mit Silvie von Ziegesar, bis 1808 seine wichtigste weibliche Bezugsperson im dichterischen Schaffen.

1803
Teilnahme an Gesellschaften bei dem Verleger Frommann in Jena.

1804
Ernennung zum Wirklichen Geheimen Rat mit dem Titel „Exzellenz".

1805
Schwere Nierenerkrankung; Tod Schillers.

1806
Am 14. Oktober Sieg Napoleons über die preußisch-sächsische Armee bei Jena und Auerstedt; Plünderung Weimars und Bedrohung Goethes durch französische Soldaten; am 19. Oktober Trauung mit Christiane Vulpius; Beitritt des Herzogs zu dem französisch geführten Rheinbund.

1808
Erste Gesamtausgabe der Werke in zwölf Bänden erscheint; am 2. Oktober Audienz bei Napoleon am Rande des Erfurter Fürstenkongresses und Verleihung des Ordens der Ehrenlegion durch den Kaiser; der erste Teil des „Faust“ erscheint.

1809
Neuordnung der Anstalten für Wissenschaft und Kunst in Jena, Überführung dieser Einrichtungen in die öffentliche Nutzung; der Eheroman „Die Wahlverwandtschaften“ erscheint.

1811/22
Die mehrbändige Autobiographie „Aus meinem Leben. Dichtung und Wahrheit“ erscheint.

1812
Begegnungen mit Beethoven in Teplitz und Karlsbad; Bau der Universitätssternwarte in Jena auf Anregung Goethes.

1813
Herzog Carl August verläßt nach der Völkerschlacht von Leipzig den Rheinbund; Reise nach Dresden und ins böhmische Teplitz.

1814/19
Eine Werkausgabe in 20 Bänden erscheint; Reise an Main und Rhein; Beginn der Freundschaft mit der Frankfurter Bankiersgattin Marianne von Willemer.

1814/15
Auf dem Wiener Kongreß tritt Herzog Carl August dem Deutschen Bund bei, Sachsen-Weimar-Eisenach kann sein Territorium fast verdoppeln und wird Großherzogtum; Berufung Goethes zum Staatsminister; Reise an den Main und und an den Rhein.

1816
Tod seiner Ehefrau Christiane.

1817
Entlassung als Theaterdirektor; Hochzeit des Sohnes August mit Ottilie von Pogwisch; aus dieser wenig glücklichen Ehe gehen drei Kinder hervor: Walter, Wolfgang und Alma.

1819
Mit dem „West-östlichen Divan“ entsteht das letzte große lyrische Werk.

1820
Erneuerung der Universitätsbibliothek in Jena auf Vorschlag Goethes; längster zusammenhängender Aufenthalt in Jena
(31. 5. - 14. 10.)

1821
Der Roman „Wilhelm Meisters Wanderjahre“ erscheint.

1823
Schwere Erkrankung; letzte Kur in Marienbad und Karlsbad; Liebe zu der 19jährigen Ulrike von Levetzov, der er einen Heiratsantrag macht, als diese ablehnt, entsteht mit der „Marienbader Elegie“ das letzte große Liebesgedicht“; Johann Peter Eckermann wird sein Mitarbeiter.

1825
Wiederaufnahme der Arbeit am zweiten Teil des „Faust“; Goldenes Dienstjubiläum am 7. November; Ernennung zum Ehrendoktor der Universität Jena.

1828
Tod des Großherzogs Carl August am 14. August; Flucht vor den Beisetzungsfeierlichkeiten auf die Dornburger Schlösser.

1830
Tod des Sohnes August in Rom; im Juni letzter Besuch in Jena.

1831
Abschluß der „Faust“-Tragödie; Feier des letzten Geburtstages in Ilmenau.

1832
Am 22. März Tod im Weimarer Haus am Frauenplan; Beisetzung in der Fürstengruft an der Seite Schillers.

Quellen und benutzte Literatur

- Wilhelm Bode: Der fröhliche Goethe, Berlin 1912
- Johann Peter Eckermann: Gespräche mit Goethe in den letzten Jahren seines Lebens, hg. von Regine Otto unter Mitarbeit Peter Wersig, Berlin und Weimar 1982
- Johann Wolfgang Goethe: Berliner Ausgabe. Poetische Werke, Berlin und Weimar 1964 ff.
- Goethes Briefe in drei Bänden, hg. von Helmut Holtzhauer, Berlin und Weimar 1970
- Goethe in vertraulichen Briefen seiner Zeitgenossen, von Wilhelm Bode, neu hg. von Regine Otto und Paul-Gerhard Wetzlaff, Berlin und Weimar 1979
- Leopold Hartmann: Goethe in Jena, Jena 1970
- Gisela Horn, Detlef Ignasiak: Glückliches Ereignis. Der Arbeitsbund zwischen Goethe und Schiller und ihre Zeit in Jena, Rudolstadt & Jena 1994
- Fritz Kühnlenz: Weimarer Porträts. Neue Folge, Rudolstadt 1970
- Heinrich Luden: Rückblicke in mein Leben, Jena 1847
- Friedrich von Müller: Goethes Unterhaltungen mit dem Kanzler, Stuttgart und Berlin o. J.
- Friedrich Wilhelm Riemer: Mitteilungen über Goethe, Leipzig 1921
- Frederic Soret: Zehn Jahre bei Goethe, Leipzig 1929
- Günter Steiger: Goethe, die Universität Jena und die Naturwissenschaften, Jena o. J.
- Wolfgang Vulpius: Goethe in Thüringen, Rudolstadt 1955

Autor und Verlag danken dem Stadtmuseum Jena und der Friedrich-Schiller-Universität Jena für die Bereitstellung von Abbildungsvorlagen. Die Goethe-Porträts wurden entnommen: Karl Bauer, Goethes Kopf und Gestalt, Berlin 1908, die Fotografien fertigten Frank Herzer, Detlef Ignasiak und Ernst Kaufmann.